This simple Tongan dictionary was created to help you
connect with and understand the Tongan culture through
learning some of the basics of the language.
Using words and phrases will allow you to pick up on
topics of conversations and even piece together simple replies.

Quick Tips

- Find ways to implement Tongan into your vocabulary.

- Read and repeat out loud.

- Practice writing words down.

A portion of sales from this dictionary is donated
to help students in Tonga continue higher education.
More information can be found at
www.fakapale.com

Learn & Listen at
www.speaktongan.com

Created, compiled and edited by
Isileli T. Kongaika
J.T Fisher
Create Out Loud

�֎✖✖✖

When we lose a language, we lose a part of who we are. Our hope is that this dictionary helps strengthen and grow your connections to the Tongan culture.

✖✖✖✖

abandon: li`ekina

abbreviate: fakanounou

abdomen: kete

abide: nofo

ability: ivi

able (can): lava

able (capable): ivilahi

abnormal: kehe

aboard: `i vaka

abode: nofo`anga

abolish: li`aki

abominable: fakalielia, palaku

abortion: fakatōtama

abound: hulu, lahi 'aupito

about : (concerning) ki

about to: teu ke

above (adj): `olunga

above (prep): `o fe`unga

above all: sinoeme`a

abridge: fakanounou

abroad: `i muli

abscess: hangatāmaki

absent: mama`o; li'aki

absent-minded: loto-`avea

absolute(ly): `aupito, ma tu'aki

absolve: fakamolemole`i

absorbed (mentally): hamumu

abstain: faka`ehi`ehi

abuse: leakovi`i or ngāhi`i; ngaahi kovi'i

academic: fakaako or faka`univesiti

accelerate: fakavave or fakavavevave

accept: tali

acceptable: ala tali

access: hū 'anga

accident: fakatu`utāmaki

accommodate (entertain): tali mo tauhi

accommodate (make suitable): 'ai ke hoa;

'ai ke taau;

accompany: `alu fakataha or fakafe`ao

accomplish: lava`i or faka`osi

accomplishment: faiva; ko e me'a 'oku te

lava 'o fai

according to: ki

accordingly: ki ai, pehe; (therfore) ko ia ai

account (bill): tohi mo`ua

accountant: kalake; tauhi pa'anga

accumulate: tānaki ke lahi

accuse: talatalaaki`i

accused: faka`iloa

accustom: fakamaheni

accustomed: maheni

ache: langa; felangaaki

achieve: lava or lava`i or faka-lava

achievement: tou`anga

acid: mahi (sour); 'asita

acknowledge: fakamo`oni

acquaintance: maheni

acquire: ma`u

across: fehauaki; fakalavalava'i; fehangah-
angai

acting: le`ole`o

active: longomo`ui

actor: tangata faiva

actress: fefine faiva

actual: mo`oni or tonu or totonu

adaptable: ngaohingofua

add: tānaki

add fuel to: hunuaki or tafunaki

addicted: ma`u

addition: tānaki

additional: fakalahi

address (speak to): lea ki

address (speech): lea

address (a letter or residence): fakatu'asila;
tu'asila

adjacent: hoko, fehokotaki

adjective: hoānauna

ajourn: malolo or toloi

adjust: fakatonutonu

administer: ngāue`i

admire: mālie`ia

admit (let in): fakahū

admit (confess): vete hia: fakamo`oni; tala
ko e mo`oni;

adopt (a child): ohi, pusiaki

adult: tangata lahi or fefine lahi

advantage: mālie; faingamalie; me'a malie;
me`a `aonga

adversary: fili; fakafili; fakaatungia'i

adversity: tu`utāmaki, faingata'a'ia

advertise: faka`ali`ali; fakahāhā; tu'uaki

advice: akonaki; fakahinohino; fale'i

advocate (recommend): fokotu`u

advocate (supporter): taukapo

afar: mama`o

affair: me`a; ouau; faingāme`a

affect: lave`i; hūkitonu

affection: `ofa

affirm: fakapapau; taukave; fakamo'omo'oni

afflict: fakamamahi`i

afflicted: faingata`a`ia

affliction: me`a fakamamahi

affluent: koloa'ia; tu'umalie;

afford: lava hono totongi

afloat: ma`anu

afraid: manavahē; ilifia

after: hili; kuo hili; `osi; kuo'osi; ki mui

afternoon: ho'ata efiafi; efiafi

again: toe; toe'ai

again, and again: toutou'ai

against: fakafepaki

aged: motu`a `aupito; toulekeleka

agile: longomo'ui; to`oto`o

agitate: eke`i; ue`i; veuki

agony: langa lahi 'aupito

agree: loto-taha; felotolotoi

agreement: aleapau

agriculture: ngoue

ahead: mu`omu`a; ki mu`a

aid: tokoni

ailment: mahaki

aim: faka`ata; taumu`a

air: `ea; matangi

alarm (feeling): lilifu

alarm clock: uasi fafangu

alarmed: manavahē; ilifia

alas: `oiauē

album: tohi tānaki`anga tā

alcohol: `olokaholo

alert: kilokilo; tokanga

align: faka`otu; faka'out'out; fakahangatonu

alike: tatau; meimei tatau; hoa tatau

alive: mo`ui

all: kotoa; kātoa

all day long: 'aho kakato

all-knowing: tokaima`ananga

all night long: po kotoa

all-out: fematematei

allow: fakangofua

allowance: totongi

all right: sai

almighty: māfimafi

almost: meimei

alone: toko taha; laulotaha

aloud: le`o-lahi; ke ongo

alphabet: motu`alea

already: `osi

also: foki; pea mo; kae `uma`ā

although: neongo

altogether: kotoa pē; fakataha

always: ma`u ai pē

amazed: fakatumutumu; `ohovale

ambitious: loto-feinga

ambush: malumu; `ohofi

amen: `ēmeni

america: `amelika

among: `i he lotolotonga`o

amount: hono lahi

amputate: mutui; tu`usi

amuse: fakakata`i; fakafiefia`i

amusement: va`inga; fakavā

amusing: fakaoli; oli

ancestor: tupu`anga; `ulumotu`a; ngaahi kui

anchor: taula

ancient: motu`a `aupito; tuputupu'a; meituai

angel: 'angelo; 'aselo

angle: tuliki; afeitui

angry: `ita

animal: manu

anniversary: fakamanatu fakata'u

announce: fakahā: talaki; fanongonongo

annoy: fakalotomamahi'i; fakahoha'asi; fakamatalili'i

annoying: fakalotomamahi; fakahoha'a;

annual: fakata`u

anoint: tākai; pani

another: ha; toe; kehe

answer: tali

anticipate: `amanaki; fakatu'amelie

any: ha

anybody: ha taha

anything: ha me`a

anywhere: `i ha potu

apartment: loki

ape: ngeli

apologize: fakamolemole

apology: kātaki

apparel: kofu

apparent: mahino

appeal: tangi; tohi tangi

appear: hā; fotu; kite

appetite: fie kai; `uakai; u'a

applaud: pasipasi; fakamālõ

apply: `ai; kole; kau

appointment: vahe; fokotu'u; lakanga

appreciate: ongo`i; fakahounga'ia; fakamālõ

approach: `unu; ofiofi; fakaofiofi

approachable: fotungofua

approve: loto; lelei'ia; tali; fakahoko

april: `epeleli

arch: `aleso

area: feitu`u

arena: mala`e

argue: fakakikihi

arise: tu`u

arm: uma

arms (weapons): mahafu

army: kau sotia: kau tau

aroma: nanamu; 'alaha

around: holo; takai; takatakai

arrest: puke; taki

arrive: a`u; tau; hoko

arrogant: fie`eiki; 'ulupupula; fielahi

arrow: ngahau

art: tā fakatātā

artist: faitā; tangata tā-fakatātā; tu

ashes: efuefu

aside: tafa`aki; fakatafa`aki

asleep: mohe

aspire: feinga; holi

assemble: fakataha

assign: tuku; vahe'i

assistant: hoto tokoni; toluhama

associated; fekautaha'aki

assume: pehe pē

assumption: pehē

assured (confident): loto-ma`u

astonished: `ohovale

astounded: lelea; tāfu`ua

astray: hē; hala

at: `i; `ia; `iate

athlete: tangata sipoti

at home: `i fale; `i `api

at last: toki

at least: kae kehe

atone: huhu`i

at sea: taka tahi

attach: pipiki; fakapipiki; fakapiki

attack: `ohofi; tau`i

attempt: feinga; `ahi`ahi

attend: `alu ki; ma'u ako; ma'u lotu

attention: tokanga

attitude: anga tangutu; fakakaukau

attorney: fakafofonga lao

attract: taufusi; tautoho

attracting attention: fakaholomamata

attractive: fakaholonofo; manakoa

auction: fakatautuki

audience: kau fanongo; matanga

august: `aokosi

authentic: mo`oni

author: tangata fa`u-tohi

authority: pule; ma'u mafai

available: ala ma`u; `ata ke ma`u

await: tali; talitali

awake: `ā hake

awaken: faka`ā; fafangu ke a.

away: atu; mama`o atu.

axe: toki

baby: pēpē or valevale

back: tu`a; mui; poupou

backbite: fakakovi

backup: poupou`i; langi tu'a

background: mui

bad: kovi

bad smell: namukû

bag: kato

baggage: `ū me`a

baggy: kōkō; ngatoto

bake: ta`o

bald: tula

ball: fo'i pulu

band (musical): kau ifi; kau tame'a

bank: fale pa'anga

bath: kaukau

basket: kato

bat: peka

bass: laulalo

battery: maka kasa

beach: matātahi

bed: mohenga

beautiful: faka'ofo'ofa; hoihoifua

between: vaha`a; vahavaha`a

beverage: me`ainu

beware: vakai; tokanga

beyond: `i kõ atu; mama'o atu

biased: filifilimanako

bible: tohi tapu

bid: tuki; mahu'inga

bill: tohi mo`ua

bird: manu puna

birth: fanau`i

birthday: `aho fa'ele'i

bishop: pisope

big: fu'u; lahi; fu'ulahi

billion: piliona

bin: puha lahi

bind: ha`i; lalava

birth: fanau`i

bitter: kona; tamala

black: `uli`uli

black eye: taka`uli

bladder: tangamimi

blame: tukuaki`i

bleed: toto

blend: tuifio; fakafefiohi

bless: tāpuaki`i; fakamonū`ia`i

blessed: monū`ia

blessing: tāpuaki; monū

blind: kui

block: tapuni; punusi; pupuni; ta'ofi,

blood: toto; ta`ata`a

bloodshed: lingi toto

bloodshot: lo`a

bloody: fetoto`i

blow: angi; ifi; puhi

blowhole: pupu`a puhi

blur: fakanenefu; fakapalai

boar: puaka tangata; puaka tau

board: laupapa; la'ipapa

boast: pōlepole

boat: vaka

body: sino

blast: fana

blanket: sipi kafu

boil: lili

boiled water: vai moho; vai lili

bold: loto-lahi

bomb: pulukōkō

bond: ha`i; feha'i 'aki

bone: hui

bonfire: afi

book: tohi

boost: fakavikiviki`i

booth: palepale

border: tafa

bored: pipiko

boring: fakapipiko; fakafiu

born: fanau`i

boss: pule

bossy: fakafie`eiki; fie pule

both: fakatou; fakatou`osi

bother: fakahoha`asi

bottle: hina

bottom: takele

bottomless: ta`e hano takele

boulder: fu'u maka lahi

bounce: puna

bowl: kumete

boy: tamasi'i

boyfriend: kaume'a tangata

box: puha

brace: teke naki; poupou'i

bracelet: vesa

braid: fakatapa teuteu; fi

brand-new: kei fo`ou `aupito

bread: fo'i mā

breadfruit: fo'i mei

bread pudding: puteni mā

break: fofoa; motuhi; fesi'i; paki'i; mau-
mau'i

breakfast: kai pongipongi

breast: fatafata; huhu

breath: mânava

breathless: tōngā

breeze: havilivili

bribe: totongi fakafufū

brothers and sisters: kâinga; fanga tokoua
moe fanga tuofafine

brother: tokoua

brown: melomelo

bruise: volu

bubble: pula

bucket: kane

budge: nga`unu; ngaue

bug: kutulotuma; kutu

build: langa; tufunga`i

builder: tangata langa fale; tufunga fale

building: fale

bull: pulu

bullet: mahafu

bully: fakavalevale

bullying: fie lahi

burden: kavenga

burn: vela; tutu

burnt: mõfia

burst: pā

bus: moto pasi

bush: `akau; vao; 'uta

bushy: vaoa

business: ngāue fakapisinisi

busy: mo`u or femo`uekina

but: ka, kae, kae kehe, ka he, ka ko; pē

buy: fakatau

NOTES

cabbage: kāpisi

cabin: `ana; loki

cafe: fale kai

cage: finaki

cake: keke

calculate: fakafuofua; fika'i

calendar: tohi māhina

calf: ki`i pulu

call: ui; fākaui

calling: lakanga; tufakanga

calm: tofu

calm down: fakatofutofu; fakamokomoko hifo;

camp: 'apitanga

can: lava

cancel: tāmate`i; kaniseli

candle: te'elango

candy: lole

canoe: popao

capital: kolomu`a

captain: `eikivaka; kapiteni

captive: pōpula; ha'isia

car: kā; moto ka

card: kaati

cardboard: pepa fefeka

care: tokanga

career: ngāue

careful: tokanga

careless: ta`e tokanga

cargo: uta

carol: hiva

carpet: kāpeti

carriage or cart: sāliote

carry: fua

case: puha

cash: pa`anga

cashier: kalake pa`anga

casket or coffin: puha mate

cat: pusi

catch: ma`u

caterpillar: `unufe

caught: touia; lave

cause: tefito; fakatupu

cave: `ana

cavity: ki`i ava; fo'i ava

cease: tuku; ta'ofi; 'osi

ceiling: `aofi

celebrate: katoanga fakafiefie; ma`alali

celebration: kātoanga fakafiefia

celestial: fakalangi

cement: sima

cemetery: fa`itoka

cent: sēniti

central: lotoloto

ceremony: anga; tō`onga

certain: pau

certificate: tohi fakamo`oni

certify: fakamo`oni; fakapapau`i

challenge: pole

champion: hau; mafi

chance: faingamālie

change: liliu; fetongi

change (from money): toenga silini; vete

channel: vaha; taki'anga vai.

chant: hiva

chaos: fu`u maveuveu; ta'emaau

chapel: fale lotu

chapped: mafa`a

chapter: vahe

character: 'ulungaanga; anga

charcoal: malala

charge: totongi

aharitable: anga-`ofa

charity: ofa fakakalaisi; tokoni ki he masiva
moe paea

charm: afka`ofo`ofa

chastise: valoki; tautea

chastity: anga ma'a; loto ma'a

chat: talanoa; fetalanoa 'aki

cheap: ma`ungofua; ma'ama'a

cheat: kākā; fakakainga

check: sivi; vakai'i

cheek: kou`ahe

cheer: hipihipi

cheerful: loto-fiefia

chest: fatafata

chew: lamu

chicken: moa

chief: `eiki

child: tamasi'ivalevale; ta'ahine valevale

childhood: kei si`i; kei valevale

childish: fakatamasi`i; fakatamaiki

children: tamaiki; longa'i fānua

chill; fakamokosia; fakamomoko

chilly: momoko

chin: kumukumu

chipped: masoli

chisel: tutu`u

choice: fili

choir: hiva

choke: lo`oa

choose: fili

chop: fahi

choppy (ocean): hahamu; tokakovi

chord: afo

christian: kalisitiane

christmas: kilisimasi

chubby: fo'i sino

chuckle: kata

church: siasi; fale lotu

church-going: ma`u-lotu

chute: fakaheke` anga

cigar: sikā

cigarette: sikaleti

cigarette lighter: masi tutu sikaleti

cinema: hele`uhila

cinnamon: sinamoni

circle: siakale; aine fuopotopoto; ha`ofanga

circular: fakasiakale; fuopototo

circulate: tufa takai,

circumference; fuatakai; tapatakai

circus: sākisi

cite: lau ki

citizen: tangata'i fonua; tangata 'oe fonua.

city: kolo lahi

civic: fakakolo

civil: anga-faka`apa`apa; sivile

civilization: sivilaise, nofo fakasivi-laise

civilized: siviliaise

claim: 'eke,

clam: fingota vāsua

clammy: pikipiki

clamour: vālau, mālau, longoa`a

clamp: fakau`u; me'a-puke

clan: matakali, fa`ahinga

clap: pasipasi, fūfū

clarify: fakamahino; faka-ma`ala`ala

clarinet: kalāneti

clarity: mahino`

clash: fepaki

clasp: kuku; kūnima,

class: kalasi; fa`ahinga

classic: tohi fungani lelei mo ongo ongoa

classify: fakafa`ahinga; fakakalakalasi

claw: pesi; nifo

clay: `umea; kele

clean: ma` a

collaborate: fengāue`aki; kaungāngue

collapse: holo; pongia

collar: kola

collect: tānaki; fakataha`i

collection: tānekinga

college: kolisi

collide: fepaki; pahū; pāfua

colour: lanu

comb: helu

combine: fakataha`i; fa`u fakataha; faka-kātoa

come: ha`u

comet: fetu`u fuka

comfort: fakanonga

comic: fakakata; fakavelekata

comma: koma

command: fekau, kouna, fono

commence: kamata; fokotu`u

comment: lea; lau; fakamatala

commercial: fakapisinisi

common: noa; me'ataha

commoner: ha'a tu'a

communicate: fetu`utaki; fetohi`aki; fehoko-taki

community: kakai`o e kolo, fakakolo

compact: aleapau

companion: takanga

company: kautaha; ha`oha`o

compare: fakatatau; fakatatau`i

compass: kāpasa

compassion: kaungāmamahi; manava'ofa

compete: fe`auhi; fe'au'auhi

complain: hanu, lāunga,

complete: fakakakato

complex: fihi

complicate: fakafihi

compliment: viki; fakamālō

compress: tata`o; lomi; koko

comprise: makupusi; lau fakataha ai

conceal: fufuu`i; fakalilo; fakapuli`i; fakapūlou

concentrate: takanga taha; taukave

concept: fakakaukau

concern: hoha`a; loto mo`ua

concert: koniseti

concrete: sima

concussion: tupekina

condense: fakanounou

condition: tu'unga; founga

conduct: anga, tō`onga; angafai

conference: fakataha alea; konifelenisi,

confess: vete hia

confine: fakangatangata

confirm: fakatu`uma`u; fakamo`oni`i; faka-papau'i

conflict: fepaki; tau

conform: tulitāupau, muimui, fakatatau, hangē

confuse: veuki, fakanenu`i, fakapuputu`u

connect: hoko; fakahoko; fakafehokotaki; fakafetu`utaki

consider: fefīliaki; fakalauloto; fakakaukau, lau,

constant: ma`uma`uluta; pīkitai

contact: lave; fehokotaki; felāve'i

container: 'ai'anga

contest: tau`aki; fe'auhi

continent: konitineniti

continue: hoko atu; fai ai pē; faka`āulolongo

contract: aleapau; tohi aleapau

contradict: fehangahangai

contrast: faikehekekehé

contribute: foaki pa`anga; tokoni,

control: mapule`i; fakama`uma`u

convey: 'ave; fetuku; uta

cook: feime`akai; fei`umu

cool: mokomoko; haufano

copy: hiki

coral: feo

core: uho; 'elito,

corn: koane

corner: tuliki

correct: tonu; totonu

corrupt: kovi`aupito; fulikivanu

cosmic: faka`univesi

cost: totongi; mahu`inga

cotton: vavae; filo; tupenu

cough: tale; tae

council: fakataha alelea'anga; fakataha tokoni; kosilio

count: lau, laua

counter: fakafepaki

country: fonua; 'uta; tuku`uta

couple: ongo; tokoua; tauhoa; ongo me`a mali

coupon: kūponi

cousin: tokoua `aki

cow: pulu

coward: vaipalo; loto fo'i

crab: paka

crack: fakamasisi

crash: to; hinga; fepaki

crawl: ngaolo; totolo

crazy: vale; loto-hē; fakasesele

cream: kilimi

create: fakatapu; ngaohi; fa'u

creature: me`a mo`ui; manu mo'ui

cricket: kālihi; lingolingo; kilikiti(game)

crime: fai hia

crisp: pangungungungu: toutou

critic; taha`oku fakaanga

crop: to`u; ta`u; ututa`u,

cross: kolosi; fehauak; fakalava

crow: kalou; 'u'ua

crowd: kakai tokolahi; putunga; matanga

crown: kalauni

crunch: ngungu; fakamangungu, mangungu

cry: tangi

crystal: kalisitala

cube: kiupi; tapafa tatau

cucumber: kiukamipa

cue: faka`ilonga

culture: sivilaise

curb: ta`ofi; fakama`uma`u; fakaufiufi

cure: faito`o; fakamo`ui; to`o-mo-tafi

curl: fakafafatu; fakamingimingi; takai'i

current: 'au

curry: kale

curtain: puipui

curious: fa`a fehu'i; fie `ilo

curve: ofe`i; fakangaofe

cushion: pilo; fakamolu

cut: hele'i; hifi'i; tofi'i; tafa'i; kosi'i; fahi'i; sipi'i

cycle: (period) kuonga; fa`ahita`ú

cycle: (bicycle) 'alu pasikala

NOTES

dad: tamai; tangata'eiki

dairy: fale ngaohi'anga pata moe siisi

danger: fakatu'utāmakidaily: faka'aho;
fakae'aho

dare: fakato'oto'a

dark: po'uli; fakapo'uli; kaupo'uli

dash: laiki; ha'aki

daughter: 'ofefine

dawn: ata

day: 'aho

daze: fakanenefu'a e 'atamai

dead: mate, pekia, hala, mālōlō mama'o,
hiki,

deal: fakatau me'a; fai fakatau; hū koloa

dear: 'ofeina; si'i; 'alaa

debate: fakakikihi; fekihīaki; tipeiti

debit: mo'ua

debt: mo'ua

decide: fakapapau

deck: fungavaka

decline: fakafisi; 'ikai

decorate: teu'i; teuteu'i; fakasanisani

deep: loloto, uho'i

defeat: iku'i

definition: 'uhinga; fakamatala

degree: tikili; mata'itohi

delay: fakatuai; fakatotoka; fakatuotuai

delete: tāmate'i

delicious: vovo; ifo

deliver: tufa, fakaa'u, fakahoko

demand: kouna; fakamālohi'i'

demolish: holoki; faka'auha

demon: tēvolo; fa'ahikehe; pīnōnō

demonstrate: fakamo'oni'i: fakahā,
fakahā'hā

den: 'ana

dense: matolu, ma'opo'opo

dent: malomi/ makoko, ki'i luo

dentist: tōketā ngaohi-nifo

deny: faka'ikai'i; fakafisinga

department: potungāue

depend: falala; fakafalala,

depression: lotomo'ua

descend: hifo; 'alu hifo, tō

description: fakamatala

desert: lala; ngaongaoa; toafa mamate

deserve: `oku taau

desire: holi; manako; loto; `unaloto

desk: tesi

dessert: fakaneifua, puteni;

destination: feitu`u `oku tau fononga ki ai

destiny: ko e me`a kuo pau ke hoko; nunu`a

destroy: faka`auha

detail: ki`i me`a; mingimingi'i me'a; fakaikiiki.

develop: tupulaki; fakautuutu

device: fakapopoto; filio`i

devise: fa`u; fakakaukau`i; fakaangaanga

diabetes: mahaki suka

diagram: fakatātā; taekalami

diameter: taiamita

diamond: taiamoni

diary: tohi noa

dice: taisi

dictionary: tikisinale

diet: me`akai fakafuofua

different: kehe; kehekehe; faikehekehe

difficult: faingata`a

dig: keli

digest: fakatoka

dimension: fua; fuofua

dinner: houa kai efiafi; tina

diploma: tipoloma; tohi fakamo'oni ako

direct: fakahinohino; hīnoi`i; fekau; tu`u-tu`uni

dirt: kele; kelekele

dirty: 'uli; liko; likoliko; kelekelea

disappear: puli; ka'iloa; pulia

disappoint: loto-mamahi`i he`ikai hoko `a e `amanaki

disaster: tu'utāmaki;fakatu`utāmaki, mala

disband: vete, veteki

discard: li`aki

discount: fakasi`isi`i `o ha mo`ua

discover: `ilo; fua`ilo fo`ou

discuss: alea`i

disease: mahaki

disgrace: fakamā; fakamā`anga

disguise: fakapuli; teunga fakapuli

disgusted: fakalili`a; palakū'ia

dish: tisi

dismiss: tuku ange; fekau ke tutuku

display: faka`ali`ali; fakahāhā

disrupt: maumau`i; hae

dissect: tafavahevahe`i

distant: mama`o; vāmama`o

distinct: mahino; hā lelei; `ilonga leilei

distinguish: faka`ilonga; fakafaikehekehe`i

distract: fakalelu`i; fakahoha`asi; afe`i

ditch: luo; keli

dive: uku; tū 'ulu

diverse: kehekehe; faikehekehe

divide: vahevahe; vae,

do: fai; ngaohi

dock: toho`anga vaka

doctor: tōkēta

dodge: kalo; kalofi

dog: kulī

doll: tamapua

dolphin (fish): mahimahi

dome: `ato fuopotopoto

donate: foaki, me'afoaki

done: moho; 'osi; lava

donkey: `asi

don't: `oua

don't do that: tuku ia

door: matapā, laumatapā

dose: fakainuvai

dot: piliote

double: tatau

doubt: tāla`a; fakata`eta`etui; veiveiua

dough: tou, takaonga māhoa`a

doughnut: keke fakapaku

down: hifo; kilalo

doze: ki`i mohe si`i

dozen: tōseni; hongofulu mā ua

draft: fakatātā; fakafuofua

drag: toho; totoho; patotoho

drain: fakatafe vai

drama: fakafaiva'i

draw: tā; tā fakatātā,

drawer: toloa

dream: mohe misi

dress: kofu

drift: tēkina

drill: vili

drink: inu

drip: to`i; tulutulutā

drive: `alu sāliote; faka'uli motakā

drop: fakatō; fakatulutā

drug: faito`o

drum: nafa; lali; talamu

dry: mōmoa

duck: pato; toloa

duet: tieuti; hiva tokoua

dull: fakanenefu

dumb: (speak) noa

dump: hua`i; laku

dust: efu; efuefu.

duty: fatongia

dwell: nofo

dwindle: faka`au ke si`i; tautatala

dye: fakalanu

NOTES

each: taki taha

eager: loto-fiefai; manava-kāvakava; loto-tō; vēlevele,

eagle: `ikale

early: mu`aki; tokamu`a

earnings: pa`anga kuo ma`u `i he ngāué

earth: tanumaki; mamani.

east: hahake; `isite

easter: toe tu`u

easy: faingafoa

eat: kai

echo: hikuongo; hikule'o

edge: tapa; tau`omo`omo

edible: lelei ki he kai; sai ke kai

edit: `etita`i

education: ako

eel: tuna; toke.

effect: lave`i

effort: feinga

egg: fo`i moa; fo`i pato

eight: valu

eighteen: hongofulu mā valu; taha valu

eighty: valungofulu; valu noa

either: ha taha pē

elbow: tui`inima

elder: tangata motu`a; kaumatu'a; tangata 'eiki vaivai.

elect: fili

electric: `uhila, faka`uhila

elevation: ma`olunga

elevator: lifi

eleven: hongofulu mā taha; tahataha

elite: kakai fungani

embarrass: fakamā; mā

embrace: fā`ufua, fe'iloaki

emergency: fakatu'utamaki

emotion: ongo

employ: fakangāue`i; ngāue`aki

empty: maha; fakange`esi

enable: fakaivia

end: iku; mui; ngata, ngata`anga, osi, faka`o-si,

endless: ta`e ngata; tuputupu`a

endure: tu`uloa; tolonga

enemy: fili

energy: ivimo`ui

engine: mīsini

engineer: `enisinia; ngaue faka-misini

england: `inglilani, pilitania

english: (language) lea faka-papalangi; lea faka-pilitania

enhance: fakalahi; fakalahiange

enjoy: mālie`ia`i, fiefia'i

enough: fe'unga

enter: hū,

entertain: talitali; fakafiefia`i

entertainment: pō faiva

entire: kakato; katoa

entrance: hū`anga

envelope: sila

envy: meheka

epidemic: mahaki tō; mahaki faka'auha

epilepsy: mahaki-moa

equal: tatau

equation: `ekuasi

equator: `ikueta

equip: fakanāunau

equipment: nāunau

era: kuonga

erase: tāmate`i; ulapa'i

error: hala; fehalaaki

escape: hao; hola

escort: fakafe`ao

ethical: angatotonu

europe: `eulope

evacuate: fetukutuku

evaluate: fakamahu`inga`i

even: faihoa; hoatatau

event: me`a`oku hoko

every: kotoa; kotoa pē

everywhere: `i he feitu'u kotoa pe

evidence: fakamo`oni

evil: kovi

exact: tonu malie; totonu; tonutaha

example: fa`ifa`ifaki`anga; sīpinga

exceed: hulu: hulu atu; lahi ange

excellent: lelei 'aupito; fungani; masani

exchange: fetongi; fakafetongi

excited: toto-fiefia; loto-māfana, loto to`oa

except: ta`e lau ai; tuku hehe

excuse: hūfanga; kalofanga

excuse me: kātaki; tulou (when passing in front of someone)

exercise: fakamālohi-sino; ngāue pe va`inga

exhausted: hela`ia

exist: mo`ui; 'i ai

exit: hū`anga ki tu'a

expand: fano; pupula

expect: `amanaki

expensive: mamafa; totongi-mamafa; fakatau`mamafa

experience: taukei; anga maheni ai

experiment: `ahi`ahi; fakatotolo

expert: poto; mataotao

expire: mate; `osi hono taimi

explain: fakamatala; fakamahino

explode: pā

explore: kumi fonua fo`ou; fakatotolo

express: tala; fakahā; `ai ke hā

extend: hoko atu; faka-lahi

exterior: tu`a

extinct: `auhamālie, mole kotoa

extra: kehe ange; hulu fau

extraordinary: kehe aupito, taha`ana

extreme: taupotu; ngata'anga

eye: mata

NOTES

fabric: tupenu

face: mata

fact: mo`oni; mo`oni`i me`a, sino`i

factory: fale ngaohi`anga koloa; fale
fa`u`unga me'a

faculty- kau fai ako.

fade: tamatemate; mae; holo

fail: hala; tō; `ikai lava

faint: pongia

fair: (just) totonu; (not dark) tea, hinehina.

faith: tui

fake: me`a loi

fall: (as in fall over)- hinga; mape`e; holo;
ngangana, tōfua,

fall: (as in the season)-fa`ahita`u fakatōlau

false: loi; lohi; ta`e mo`oni

fame: ongoongo, ongoongoa

familiar: maheni, taukei

family: fâmili

famous: ongoongoa

fan: ī; tapili

fang: nifo hau

far: mama`o

farm: faama; ngoue'anga

fashion: ākenga

fast: vave

fat: ngako; fo'isino

fatal: fakamate

fate: nunu'a

father: tamai; tangata'eiki

fault: mele; fo`ui

favour: sai'ia; manako

favourite: manako`anga; pele; sai'ia ange

fear: manavahē; ilifia

feast: kaime`akai; kai faakafe; katoanga
taumafa

feather: fulufulu; fulufulu`i moa; fulufulu'i
manupuna

features: fōtunga

february: fēpueli

feed: fafanga

feel: ongo'i; fanongo

fellow: siana; kaungāme'a

female: fefine

fence: `ā

ferry: vaka uta pasese

festival: kātoanga

fetch: `alu`o`omai

fever: mofi

fib: loi si`i; ki'i loi

fiction: talanoa fa'u

field: ngoue`anga, mala'e

fifteen: hongofulu mā nima: taha nima

fifty: nimangofulu; nimanoa

fight: fuhu

fiji: fisi

file: faile

fill: fakafonu

film: filimi; faiva

final: faka`osi; fakamulituku

finance: fakapa`anga

find: `ilo; ma`u

fine thanks, and you: sai pē, mālō, fēfē koe?

finger: louhi`i nima

finger nail: nge`esi-nima

finish: `osi; 'osi'osingamalie

finland: finilani

fire: afi, vela

firm: tu'u ma`u; fefeka; `ali`aliaki

first: `uluaki; `uluaki tokoni

fish: ika

to fish: fāngota

fishy: namupoa

fist: tuke

fit: fe`unga; taau

five: nima

fix: fakama`u

flag: fuka

flame- ulo

flap: kalua; matupe

flash: tapa; hulu

flat: lafalafa

flatter: fakahekehek`i,

flavour: ifo

flaw: mele

flea: kutufisi

flex: piko`i; ofe`i; peluki

flick: taa`i

flight: hola

float: fakama`anu

flood: lōmaki

floor: faliki

flour: māhoa`a

flow- tafe; tatafe; malingi

flower, matala'i'akau

flush- pii`i

flute: fuluta; fangufangu

fly: lango, puna vakapuna

foam; koa

focus: fakatonutonu

fog: kakapu

fold: peluki

foliage: lau'i akau lanumata.

folk: kakai

follow: muimui

food: me`aki

fool: vale

foot: va`e, lau`i va`e

football: `akapulu

for me: ma'aku; for him, ma'ana

forbid: tapui

force: fakamālohi`i

forecast: fakamatala ea ki he kaha'u

forehead: la`e

foreign- muli

forest- vao; vaotā

forge: fale tuki-ukamea

forget: ngalo

forgive: fakamolemole`i

fork: huhu; huo langa

form: (to fill) foomu; (shape) fuo; anga

formal: faka`ei`eiki

formula: founga, sīpinga, tu`utu`uni

forth: atu

fortunate- monū`ia

fortune: monū; koloa

forty: fāngofulu; fanoa

forward: ki mu`a

found: na'e 'ilo; na'e ma'u

foundation: tu`unga

fountain: matavai, fauniteni

four: fā

fourteen: hongofulu mā fā; taha fā

fox: fokisi

fraction: falakiseni

fragile: pelepelengesi

frail: pelepelengsi; kauvaivai; ngavaivai,

frame: `esia

france: falanisē

fraud: kākā

freckle: `ila, te`elango

free: `atā; `ata`atā; tau`atāina; ta`e totongi

freedom: tau`atāina

french: faka-falanisē

fresh: fo`ou; ma`ui`ui; haufano

friday: falaite

friend: kaume'a

frog: poto

from: mei

front: mu`a; `ao

frown: fingo, mata-`ita

fruit: fo`i `akua; fua'i 'akau

fry: fakapaku

fuel: fefie; penisini; kalasini or lolo

full: fonu, pito

fun: fakavā; oli; va`inga

function: lakanga

fund: pa`anga

funeral: putu

fungus: talingelinga

funny: fakakata; fakaoli

fur: fuluful`i manu molū,

furnace: tafu'anga; tofunanga

furniture: nāunau fale

further: mama`o taha; taupotu taha

future: kaha`u

gag: lo'oa

gain: ma`u; tupu

galaxy: kaniva

gallon: kālani

game: va`inga

gang: pupunga-tangata, takanga-tangata

gap: ava

garage: fale tau'anga me'alele

garbage: veve, ng'oto'ota: keikeinanga

garden: ngoue

garlic: kāleki

gas: kasa

gate: matapā

gay: fakausousa

gaze: sio fakamama`u

gear: kia, nāunau

gem: maka-koloa; siueli; maka-mahu'inga

general: lūkufua

generation: to`u tangata, to`u me`a

generous: nima-homo; fie tokoni

genius: poto, alapoto

gentle: anga-fakaalaala, anga-vaivai

genuine: loto-mo`oni; anga mo`oni; mo`o-nia,

geography: siokālafi

geology: ako ki he kelekelé mo e maká

geometry: siomita; `eukaliti

germ: siemu

germany: siamane

get: ma`u

ghost: tēvolo; fa`ahikehe

giant: fu'u tangata lahi; saiāniti

gift: me`a`ofa

giggle: maki`iki'i; kata nanivi

gills: laumea

ginger: sinisā; ango; angoango

girl: ta'ahine

give: foaki, me`a`ofa`aki, `omai, `oatu, `oange, mai

glance: kilo: hilehila

glare: kikila; fakamatapula

glass: sio`ata; ipu sio`ata

glide: heke; heheka; lofa

glitter: fetapatapaki; ngingila

globe: kolope

glory: lāngilangi; kolōlia

glove: kofu-nima

glow: maamangia; kakaha

glue: kulū; kilimi fakapipiki

glum: fakafulofula

goal: kolo; taumu'a; kaveinga

god: `otua

gold: koula

golf: tā-pulu

go: 'alu

good bye (to one): alu a

goodbye (to three or more): mou ō a

good bye (to two): mo ō a

good luck: monū'ia

good morning: mālō 'e tau ma'u e pongi-
pongi ni; malolelei

good night: pouliā; nofo ā

good: lelei

good to know: sai ke tau `ilo; lelei ke tau 'ilo

goose: kuusi

gosh: seuke

gospel: kōsipeli

gossip: talanoa launoa, ngutulau

gout: langa-hui he louhi`i va`e

govern: pule, pule`i

government: pule`anga

gown: kāuni; pulupulu

grab: fa`ao; taufa`ao

grace: kelesi

gracious: anga-`ofa

grade: (class) kalasi (standard) tu'unga;
maaka

grain: tenga

grammar: kalama

grand: lahi mo matamatalelei; molu malu

grandparent: kui

granite: kalānite

grant: tuku; fakangofua

grape: kālepi

graph: kalafi

grasp: puke; kuku; sisina

grass: mohuku; musie; vao

grateful: loto-hounga; fakamālō

grave: (burial) fa'itoka

gravel: kilikili; patapata

gravy: kelevi

grease: ngako, huni

great: lahi, tu`u-ki-mu`a, ongoongoa

greece: kalisi

greedy: havala, 'uakai

green: lanu-mata

greetings: malo e lelei

grey: lanu-panefunefu, tukumisi, fulutui,
hinā

grief: mamahi

grill: tunu

grim: matamatakovi

grind: momosi

grip: kuku'i, sisina, fakau`u

groan: to`e

groove: to`oliu, tongi, fakanifo

ground: kelekele

group: pupunga, kulupu

grow: tupulaki

growl: ngungulu, hangulu

grumble: ngulu, hanu

grumpy: loto-`ite`ita; fakafulofula

grunt: ngū, ngulu, ngungulu

guarantee: malu`i, fakapapau'i

guard: le`o, le`ohi

guava: kuava

guess: mate'i, fakamahalo

guests: kau`a`ahi, kau fononga

guide: taki, tataki, takihala, tākitala, takiek-
ina

guilt: halaia

guitar: kītā

gulp: folo fefeka, folo mo `ūkuma

gun: me`afana

gust: matangi tō, tu`oni` matangi

guy: (fellow) tamasi'i, siana

NOTES

habit: anga

habitat: nofo`anga, pitenga

hail: `uha maka

hair: lou`ulu

hairy: fulufulua

half: vaheua; vaeua mālie; konga; haafe

hall: holo

hallelujah: haleluia

halt: tu`u

halve: vaeua`i, vaeunamālie`i

ham: hami

hammer: hāmala

hammock: mohenga tautau

hand: nima

handbag: kato to`oto`o

handicap: faingata`a`ia`anga

handle: kau

hand made: ngaohi`e he nimá

handsome: faka`ofo`ofa; talavou

hang: tautau

happen: hoko

happy: fiefia

harbour: taulanga

hard: fefeka

hardly: `ikai; meimei

harm: maumau`i, fakamele`i

harmful: kovi, fakatupu-kovi, maumau

harmless: `ikai ke kovi

harmonica: mimiha

harmony: fetāiaki

harness: teuteu

harp: ha`ape

harsh: fefeka; fakamamahi,mamafa; hoha`a

harvest: utu

haste: fakavave

hat: tatā

hate: fehi`a

haul: fusi; toho

haunt: nofo'ang; lata'anga; mā`unganofo`i

have: `i ai; taki

hawai`i: vaihi; hauuai'i

hawk: hoke

hay: hei

hazard: fakatu`utāmaki

haze: kapukapu, kakapu, nenefu

head: 'ulu

headache: 'ulu-ngangau; langa 'ulu,

heal: fakamo'ui; faito'o

health: mo'ui, mo'ui leilei

hear: fanongo

heart: mafu, loto, manava

heartache: loto-mamahi

heartbeat: ta 'ae mafu

heartburn: hakevela

heat: mafana; vela

heaven: langi; hēvani

heavy: hamafa

hebrew: hepelū

height: mā'olunga

held: puke; kuku

helicopter: helikopetā

helium: hiliume

hell: heli

hello: mālō e lelei

helmet: helemeti

help: tokoni

hen: motu'a-moa; moa fefine

her: ia

herd: takanga

here: 'i heni

heritage: tofi'a

hermit: tangata 'oku nofo toko taha

hernia: kafukafu

hero: tangata to'a

hesitate: toumoua; vieveiua; teteki; fakaene,

hey: ē

hiccups: tokomohū, lonā

hide: toi, toitoi, fufu'i

high: mā'olunga

highschool: ako'anga ma'olunga

highway: hala pule'anga, hala lahi

hike: 'eva lalo lōloa

hilarious: mavava fiefia

hill: mo'unga; sia

him: ia

hindu: hinitū

hinge: hinisi

hip: noko

hire: nō; totongi

his: he'ene; 'ene; hono

hiss: sisī

history: hisitōlia

hit: tā

hive: pununga hone; taunga pi

hoard: kumuni

hobby: va'inga; ma'imoa

hog: puaka

hold: puke; kuku

hole: luo; ava

holiday: 'aho mālōlō

hollow: nge'esi; ava

holy: tapu; toputapu

home: 'api

homework: pô ako

honest: faitotonu

honey: hone

honour: fakalāngilangi'i

hood: pūlou; tatā

hoof: topuva'e

hook: māta'u; huka

hop: meleketu

hope: 'amanaki

horizon: tafa'akilangi

hornet: pī kula

horrible: fakalilifu; palakū; fakalielia

horror: me'a fakalilifu

horse: hoosi

hose: paipa vai

hospital: falemahaki

hot: vela

hotel: fale tali-fononga,

hour: houa; feitu`ula`ā

house: fale

how: fēfē

however: kae kehe

how are you? fēfē hake?

how do you say … in tongan? ko e hā 'a e le'a faka-tonga ki he …?

how much is this: 'oku fiha e?

hug: fā`ofua

huge: kāfakafa

hum: ngūngū

human: fakatangata

humble: anga-vaivai; anga-fakatōkilalo

humiliate: fakahāea`i; fakatakaea`i

humour: fakakata; fakaoli

hundred: teau

hungry: fiekaia

hunt: tuli manu

hurricane: afā

hurry: vave

hurt: fakamamahi`i; fakalotomamahi`i

husband: mali, husipaniti

hut: ki`i fale`akau,

NOTES

i: ou; ku; kau; au

ice: `aisi

iceberg: mo`unga `aisi

ice cream: `aisikilimi

icing: `aisingisuka

idea: fakakaukau

ideal: lelei`aupito; leleitaha

identical: tatau, tu`upau

identify: `ilo fakapapau; fakapaupau`i

idiot: faha, vale

idle: nofo noa

idol: tamapua, `aitoli

i don't understand: 'ikai mahino

if: kapau; ka; `o kapau

ignite: tutu

ignore: ta`e tokanga`i; ta`e toka`i,

ill: mahaki`ia, puke

illegal: ta`e fakalao

illegible: laungata`a

illuminate: fakamaama

illusion: fakakaukau hala

illustrate: tāfakatātaa`i

i love you: 'ofa atu

image: `imisi; fakatātā; tamapua; `ata

imaginary: mahalo-loto; fakakaukauloto`i

imagination: sio loto

imagine: mahalo; kohu, sio loto

i'm from: ko 'eku ha'u mei [insert where you're from]

imitate: fa`ifa`itaki

immature: mui; te`eki ke motu`a

immediate: me`a kuo hoko leva; taimini pe

immense: lahi faka`ulia

immerse: fakauku; unu

immigrant: muli`oku nofo hili mai

immortal: ta`e mate; ta`e fa`a mate

immune: `atā; hao

impact: tau; fepaki

impatient: ta`e fa`a kātaki

implement: me`angāue; fakahoko

implore: kōlenga

imply: fakahu`uhu`u

important: mahu`inga; ma`ongo`onga

impossible: ikai ke lava; ta`e malava

impostor: tangata kaka

impressive: molumalu; ongo

improper: ta`e taau; ta`e totonu

improve: lelei ange; fakalakalaka

impulse: loto-`oho

in: `i; `i he loto

inaccurate: hala; `ikai ke totonu; māhehei,

inappropriate: ta`e taau; ta`e hoa; ta`e fe`unga

inception: kamata`anga

inch: `inisi

incident: me`a`oku hoko; faingāme`a

incline: tahifo; tahake

include: makupusi; kātoa; faluku

income: pa`anga hū mai

incomplete: ta`e kakato; te`eki ke`osi

inconsiderate: ta`e faka`atu`i; ta`e loto

incorrect: hala; māhehei

increase: tupu

incredible: 'ikai ala tui ki ai; tuingata`a

indecisive: ta`e pau, ta`e fakapapau

indeed: mo`oni; aupito

independent: ta`e fakafalala; mo'ui tau`atāina

india: `initia

indicate: fakahā; fakamatala; faka`ilonga

indigenous: kakai'i fonua

indigestion: futengia; hakevela

indirect: halafaki; ta`e hangatonu

indistinct: nenefu; palai

individual: toko taha; fo`i toko taha

indoors: `i loto fale

indulge: fakatuia`i

industry: ngāue'anga; fa'angaue

inedible: `ikai lelei ki he kai

inevitable: ta`e mata`ofia; ta`e ala le`ei

infancy: kei si`i; kei valevale

infant: tamasi`i si`i; ki'i pepe valevale

infect: fakapipihi; ulufia

infer: `utangi`i

infinite: ta`e fakangatangata

inflate: ifi ke pupula

influenza: mahaki fulū

inform: tala; fakahā; fakamatala

information: tala, fakamatala

infringe: maumau`i

infuriate: faka`ita`i

ingenious: fakakaukau-poto

inhale: mānava ki loto; mihi

inherit: ma`u tukufakaholo

initial: fakamo`oni hingoá

initiate: fakahū; kamata'i

inject: huhu'i; fai`to`o huhu

injure: fakalavea`i, fakamele`i

injury: lauvea; maumau

ink: vaitohi

inn: fale tali-fononga

inner: i loto

innocent: ta`e halaia; tonuhia

inquire: fehu`i,`eke

insane: faha, vale, mahaki-sesele

insect: `inisēkite

insecure: ta`e malu

insert: fakahū ki loto; fa`o

inside: loto; `i loto; `i loto fale

insist: vili; vilitaki

inspect: vakai; `a`ahi; 'ahia

install: fokotu`u; fakanofo

instance: fakatātā; hange

instant: momeniti

instead: pē

instinct: ko e `ilo fakaenatula

instruct: ako`i; akonaki`i; tākitala,

instructions: ngaahi tu`utu`uni; gnaahi faka-
hinohino

instructor: faiako

instrument: me`alea

insulin: 'insulini

insult: ngahi'i; fakasi'isi'i

insure: malu`i

intact: kakato

integrity: anga-tonu; anga-haohaoa

intelligent: `atamai

intense: mālohi; hulu; kikivi; vivili

intention: loto ki ai; faka'amua

interact: felāve`i, fengāue`aki

interested: mālie`ia

interesting: fakamānako

interfere: kaunoa

interior: loto

intermission: ki'i taimi malolo

internal: `i loto; fakalotofonua; fakalotop-
ule`anga

international: fakaevaha`apule`anga

interpret: fakatonu lea

interrupt: fakapiko; fakatuta; fakaheleleu

intersect: fehauaki

interview: alea; faka'eke'eke

intestines: ngākau

intimidate: fakamana`i; fakalotosi`i

introduce: fakafe`iloaki

invade: `ohofi

invalid: ta`e `aonga; ta`e ivi

invent: fua fa`u fo`ou

investigate: `eke, fakatotolo

invisible: ta`e hā mai

invitation: tohi fakaafe`i, fakaafe

invite: fakaafe`i

invoice: `inivoisi

involve: fakakau; fakapiki

iron: ukamea; haeane

irrational: vale; ta`e hano 'uhinga

irrelevant: `ikai ha 'ane kakunga

irrigate: fakatafe vai

irritate: faka'ita'i

island: motu

isolate: fakamavahe`i

issue: mapuke, mapukepuke

it: ia; ne

italy: `itali

itch: veli

item: me`a

i understand: 'oku mahino kiate 'au

NOTES

jab: hoka

jack: siaki

jacket: siākete

jaded: hela`ia

jail: ʻapi pōpula; pilīsone

jam: siamu

january: sānuali

jagged: mahaehae

jaw: kaungao

jealous: fua`a; meheka

jeep: siipi

jerk: kenu

jersey: falani māfana

jerusalem: selūsalema

jesus: sīsū

jet: vai pihi

jew: siu

jewel; maka-koloa, siueli

job: ngāue

join: hoko

joke: fakakata

jostle: teke`i

journal: tohi noa

journey: fononga

joy:fiefia

judge: fakamaau

juice: huhu`a

july: siualai

jump: hopo, puna, tohopo, topuna

june: sune

jungle: vao, vaotā`oku fihi

junior: si`i

junk: potupotu`i ukamea; motumotu`i mīsini

jupiter: siupita

just: totonu; anga-tonu

justice: fakamaau totonu

kava: kava

kava bowl: kumete

kava ceremony: fai kava

kava ring: `alofi

keep (preserve): tauhi

keep a look-out: taulama

keep an eye on: tokanga`i

key: kī

keyboard: `u kī; ngaahi ki

kick: `aka

kid: ki`i tamasi`i

kidney: kofuua

kill: tāmate`i

kind: anga-`ofa; anga-leilei

king: tu`i

kingdom: pule`anga

kiss: `uma; fekita

kitchen: peitolofa

kitten: ki`i pusi, `uhiki`i pusi

knee: tui

kneel: tū`ulutui

knife: hele

knit: lalanga

knock: tuki; tau

knot: fakapona

know: `ilo'i

knowledge: `ilo

knuckles: tuke

label: faka-ilonga

labour: ngāue; kikivi; fakaongosia

lack: hala

ladder: tu`unga

ladies: siaine misipeka

lady: fine`eiki

lagoon: namo; fanga`uta

lake: ano; anovai

lamb: lami; `uhiki`i sipi

lame: heke; ketu; toketu

lamp: maama

land: fonua

lane; hala

language: fa`ahinga lea; lea fakafonua

lantern: maama matangi

lap: funga

large: lahi; fu`u; fuolahi

last: ki mui; fakamuimui; aka`osi

late: tōmui; tokamui

later: mui; ki mui

laugh: kata

laundry: fō

law: lao

lawn: musie; mala`e

lazy: fakapikopiko

leader: takimu'a

leaf: la'i 'akau

leak: mama

leap: hopo; puna

learn: ako

least: si`i taha

leather: leta

leave: `alu

left: hema; to`ohema

leg: va`e

legal: fakalao; ngofua

legend: talatupu`a; fananga

legitimate: fakalao; ngofua' totonu

lei: kahoa; sisi

lemon: lemani

length: loloa

less: si'i

lesson: lesoni

list: tohi hokohoko; lisi

listen: fanongo; fakafanongo

litter: felefele; feliha`a, fakaveve; faka`oto`ota

little: si`i

live: mo`ui

liver: `ate

lizard: moko

load: uta; fakauta; kavenga

loaf: fo`i mā

local: fakakolo

lock: loka

log: kupu`i`akau

loneley: ta`e lata

long: lōloa

look: sio

loose: kōko; homohomo

lord: `eiki

loss: mole

lost: puli; pulia: kai`iloa: mol

loud: le`o-lahi

love:`ofa

low: mā`ulalo

loyal: mateaki; `ofa-mateaki

luck: monū, monū`ia

lunch: kai ho`atā

lung: ma`ama`a

NOTES

machine: mīsini

mad: faha; vale

magnet: makineti

magnificent: molumalu; ngeia

mail: meili

main: tefito`i; tu`u-ki-mu`a

maintain: tauhi ma`u; puke ma`u: taukave

major: lahi; lahi ange

majority: tokolahi; konga lahi

male: tangata

man: tangata; siana

manage: pule`i; angi; ngāue`i

mango: mango

manner: founga; angafai; anga

mansion: fale hau

manual: tohi fakamatala

manufacture: gaohi; fa`u

many: lahi

maori: mauli

map: mape

march: ma`asi

marine: tahi

mark: `ila; `ilonga; faka`ilonga

marker: me`a-faka`ilonga

market: fai`anga fakatau; fakatau`anga; māketi

marriage: mali

marry: mali

mars: ma`asi

mash: o`i

mask: pūloa

massage: tolotolo: fotofota

master: pule; `eiki

mat: fala

match: hoa tatau; fai tatau

mate: hoa; kaungame'a

material: me`a; fa`ahinga me`a; tupenu

mathematics: matematika; faifika

mattress: fakamolū

mature: motu`a

may: mē

mayor: pule kolo

me: au

meadow: feitu`u; musie`ia lelei

meal: houa kai

mean (stingy): mamae; nima-ma`u

meaning: `uhinga

measure: fua; fakafuofua

meat: kanomate; kakano'i manu

mechanic: fita; `enisinia

medal: mētali

medicine: faito'o; vai-faito`o

medium: palotoloto

meet: fakataha: fetaulaki; fe`iloaki

melon: meleni

member: kupu'i; memipa

memory: manatu

mention: lau; taku; hua`aki; fakalau

mercy: manava`ofa; `alo`ofa; meesi

merge: fakataha'i; fakahoko

mess: toloveu; moveuveu

message: fekau; pōpaki; tala

metal: ukamea

method: founga; angafai

mexico: mekesikō

microphone: maika fakale'o lahi

middle: loto; loto mālie

midnight: tu'apō

mighty: mālohi`aupito; māfimamafi

migraine: `ulu-ngangau; langa 'ulu; maha-ki-`ulu

mile: maile

military: fakakautau

milk: hu`akau

million: miliona

mind: loto; `atamai; finangalo

mine: `a`aku; `o`oku; ha`aku; ho`oku

minimum: si`i taha

minion: sevānti mo`ui mo`ulalao

minor: si`i; si`i anga

minus: fakasi'isi'i:

minute: miniti

miracle: mana

mirror: sio`ata

mischief: pau`u

misfit: ta`e fe`unga; `ikai ke fe`unga

mislead: takihala`i; fakahala`i; fakahee`i

misplace: tukuhala`i; tukukehe`i

miss: fetōkaki; fehālaaki;

mission: gaue fakamisinale; siasi; lotu

missionary: faifekau

mist: kapukapu; kakapu

mistake: hala; fehālaaki

misty: kapukapu; kakapu

mix: fio; tuifio

moan: to`e; toto`e

modern: fakaonopooni; `o e koungá ni

modify: ki`i liliu

mole: `ila

mom: fa'ē

moment: momeniti

monday: mōnite

money: pa'anga

monster: me`a faka`ulia; me'a faikehe mo faka'ulia

month: māhina

moon: māhina

mop: mopi

moral: anga-lelei; `ulungāanga-lelei; anga-tonu; mo`ui taau

more: lahi

morning: pongipongi

mosquito: namu

mayor: pule kolo

me: au

meadow: feitu`u; musie`ia lelei

meal: houa kai

mean (stingy): mamae; nima-ma`u

meaning: `uhinga

measure: fua; fakafuofua

meat: kanomate; kakano'i manu

mechanic: fita; `enisinia

medal: mētali

medicine: faito'o; vai-faito`o

medium: palotoloto

meet: fakataha: fetaulaki; fe`iloaki

melon: meleni

member: kupu'i; memipa

memory: manatu

mention: lau; taku; hua`aki; fakalau

mercy: manava`ofa; `alo`ofa; meesi

merge: fakataha'i; fakahoko

mess: toloveu; moveuveu

message: fekau; pōpaki; tala

metal: ukamea

method: founga; angafai

mexico: mekesikō

microphone: maika fakale'o lahi

middle: loto; loto mālie

midnight: tu'apō

mighty: mālohi`aupito; māfimamafi

migraine: `ulu-ngangau; langa 'ulu; maha-
ki-`ulu

mile: maile

military: fakakautau

milk: hu`akau

million: miliona

mind: loto; `atamai; finangalo

mine: `a`aku; `o`oku; ha`aku; ho`oku

minimum: si`i taha

minion: sevānti mo`ui mo`ulalao

minor: si`i; si`i anga

minus: fakasi'isi'i:

minute: miniti

miracle: mana

mirror: sio`ata

mischief: pau`u

misfit: ta`e fe`unga; `ikai ke fe`unga

mislead: takihala`i; fakahala`i; fakahee`i

misplace: tukuhala`i; tukukehe`i

miss: fetōkaki; fehālaaki;

mission: gaue fakamisinale; siasi; lotu

missionary: faifekau

mist: kapukapu; kakapu

mistake: hala; fehālaaki

misty: kapukapu; kakapu

mix: fio; tuifio

moan: to`e; toto`e

modern: fakaonopooni; `o e koungá ni

modify: ki`i liliu

mole: `ila

mom: fa'ē

moment: momeniti

monday: mōnite

money: pa'anga

monster: me`a faka`ulia; me'a faikehe mo
faka'ulia

month: māhina

moon: māhina

mop: mopi

moral: anga-lelei; `ulungāanga-lelei; an-
ga-tonu; mo`ui taau

more: lahi

morning: pongipongi

mosquito: namu

moss: limu

most: lahi; lahi taha

mother: fa'ē

motion: ngaue; nga`unu

motive: `uhinga; tu`unga; taumu`a

motor: mīsini

mound: fo'i puke; 'esi; sia; tafunga

mountain: mo`unga

mourn: tangi; tengihia

mouse: kumā

mouth: ngutu

move: ngaue; nga`unu, `unuaki'i

mow: kosi

much: lahi

mud: pelepela

muffle: fakale`osi`i

mug: ipu, moki

multiple: lōlahi,

mumble: muhu; mumuhu

munch: ngungu

mundane: fakamāmani; fakaemāmani

murder: fakapō; fakapoongi

muscle: uoua

museum: musiume

mushroom: fakamalu-`a-tēvolo

music: musika; fasi

must: pau

my: he`eku,`eku or hoku

my name is: ko hoku hingoa ko [insert name]

my self: au; ko au

mystery: me`a fakalilo; misiteli; misiteliō

myth: talatupu`a

NOTES

nail: fa`o

naked: telefua

name: hingoa

nap: mohe si`i; mohe nounou

napkin: sāvieti

narrate: tala; talanoa`i; fakamatala

narrow: lausi`i; fāsi`i

nasty: kovi; palakū; fakalielia

nation: pule`anga; kakai`o e pule`angá

native: tu`ufonua; tangata'i fonua

natural: fakaenatula

nature: anga; natula

naughty: pau`u; anga-kovi

nausea: tokakovi; loloa; lo`ia; fie lua

navigate: faka`uli; faifolau

near: ofi

neat: maau; mā'opo'opo

necessary: pau; 'aonga; fie ma`u

neck: kia

necklace: kahoa; tuinga

need: `aonga; fie ma`u

needle: hui-tuitui

neglect: li`aki; li'ekina; ta`e tokanga`i

negotiate: alea; fealea`aki

neighbor: kaungā'api

nephew: `ilamutu; fakafotu

neptune: nepituna

nerve: neave; loto-to`a

nervous: manavasi`i; loto-si`i; papaka

nest: pununga

net: kupenga

neutral: tu`u `atā

never: `ikai aupito

new: fo`ou: fo`ofo`ou

news: ongoongo: ongoongo fo`ou

newspaper: nusipepa

new zealand: nu`u sila

next: hoko

nibble: tositosi; totosi

nice: lelei; sai

nickname: hingoa pau`u; hingoa fakatene-tene

niece: `ilamutu

night: pō; po`uli

nightmare: misi fakamanavahē

nine: hiva

nineteen: hongofulu mā hiva; taha hiva

ninety: hivangofulu; hivanoa

no: `ikai

nod: kalo; kamo

noise: vakē; longoa`a; vālau

noisy: longoa`a

nominate: fokotu`u atu

non: `ikai

none: `ikai ha taha

nonsense: launoa; laupisi

noon: ho`atā

normal: totonu; anga maheni

north: tokelau; noate

norway: noauē

nose: ihu

nostril: ava`i ihu

not: `ikai; `oua

note: tokanga`i

nothing: `ikai ha me`a; me`a noa pē; hala 'atā

notice: tokanga`i; fakatokanga

noun: nauna

novel: tohi; talanoa

november: nōvema

now: 'eni; ko'eni; taimi ni

numb: mamate; mamatea; ongonoa

number: fika; mata'i fika

nurse: neesi

nut: niu

NOTES

oh: e; `ē

oar: fohe

oatmeal: pōlisi

obedient: talangofua

obese: nge`enge`e: fu'u sino `aupito

object: me`a

objective: taumu`a; kaveinga

obligation: eilaulau; ngafa

oblivious: `ikai te te `ilo; `ikai te te tokanga`i

obscure: fakapo`upo`uli`i; ta'e mahino

observe: tokanga`i; sio; mamata

obsessed: uluisino

obstacle: faingata`a`ia`anga

obvious: mahino 'aupito: fisi-kitu`a

occasion: taimi; fo`i `aho

occupation: tefito'i ngāue; ngāue ma'uanga mo'uio

occupy: lakanga; ngafa

occur: hoko

ocean: moana; vahanoa; `oseni

october: `okatopa

octopus: feke

odd: ta`e faihoa; ta`e hoa

of: `a; `o; `i

offensive: fakalotomamahi; taukovi; pango

offer: tu`uaki

office: 'ofisi

official: faka`ofisa; fakapule`anga; faka-lakanga

often: fa`a: tu`o lahi; toutou

oil: lolo

okay: sai; lelei

old: motu`a; tou lekeleka

on: 'i; 'i he funga

once: tu`o taha

one: taha

onion: onioni

only: tofu pē

open: ava; fakaava

operate: ngāue

opinion: lau; fakakaukau pe; ma'u

opportunity: faingamālie

opposite: fehāngaaki; fetoumu`a`aki; feangai

option: fili fa'iteliha

or: pe

orange: lanu-momoho; lanu moli; fo'i moli

ordeal: ahi`ahi fakamamahi

order: fekau; tu`utu`uni; pu`i; kouna

ordinary: me'a maheni; me'a noa pe

organ: 'okani; konga`i loto`o e sinó

organize: fakamaau; fa`ufa`u: fokotu'utu'u

original: tupu`i; taha'ana; kamata'anga

other: kehe

ounce: `aunise

our: he`eta; hota; he`etau; hotua

out: ki tu`a; atu

outside: tu`a

oval: fuopotopoto; fuolōloa

over: `i; 'olunga;

overt: fakahāhā

own: ma'u; 'a'ana; kohono;

oxygen: `osikena; 'okisisini

NOTES

pace: vave

pacific: pasifiki

pack: fa`o; fa`oaki

package: kato pe kofukofu

paddle: `a'alo; fohe

page: peesi

pail: kane

pain: langa;

paint: vali

pale: tea

pan: fakapaku

pancake: keke fakapaku

pants: talauese

paper: pepa

parade: fakatē

paradise: palataisi

parallel: palāleli

paralysed: mamatea

parent: matu`a

park: mala'e; pa`ake

part: konga

partial: fakakonga

particular: mavahe; makehe

partner: hoa; kaungā

party: fa`ahi; fakafiefia;

pass: paasi; lava'i; hili;

passport: pāsipoti; tohi folau

past: 'osi; kuo hili

paste: me`a-fakapikiki

pastry: pai; taati; tou

pat: pooki; pōpooki; tātaa`i

path: hala

pathetic: faka`ofa

patient: kātaki; fa`a kātaki

pattern: sīpinga

pause: tatali si`i; mālōlō si`i

paw: va`e 'oe pusi pe kuli; hakamule

pay: totongi

peace: melino; nonga; fiemālie

peak: tumutumu; tumu`aki

pearl: mata'i tofe

peck: tosi; tositosi

peculiar: faikehe; anga-kehe; taha`ana

peel: kili; fohi; tele

peer: fakasio; sio'i

pen: peni

pencil: peni vahevahe

penny: peni

people: kakai

perceive: ongo`i; `ilo`i; tokanga`i

perfect: haohaoa

perform: fai; fai faiva; haka'i

perhaps: mahalo; na`a; faka'apē

period: kuonga; taimi; tonuhanga

permanent: tolonga; tu`uma`u

permission: fakangofua

permit: tohi fakangofua

persist: kivoi; vilitaki; olonga, tu`u ma`u

personal: fakaekita; tāutaha

persuade: fakaloto`i

pet: pele

photograph: tā

phrase: kupu`i lea

physical: fakaesino; fakasino

piano: le`o-si`i; le`o vaivai

pick: fili; fili'i

picture: fakatātā; tā; 'ata

pie: pai

piece: konga; me`a

pierce: huhu; huuki; tui`i

pig: puaka

pile: tu`unga; fokotu`unga

pill: fo`i`akau; faito'o

pillar: pou

pillow: pilo; kali

pilot: pailate: fakahao

pimple: fuofua

pin: pine

pinch: la`u; la'usi

pink: pingikī

pint: painite

pipe: paipa

pirate: kaiha`a i tahi

pistol: pekenene

pit: luo loloto

pity: `ofa; manava`ofa

place: feitu`u; potu

plain: mahino; mahinongofua

plan: fakatātā; palani; founga

plane: vakapuna

planet: palanite

plant: `akau

plate: peleti

play: va`inga

player: tokotaha va`inga

please: fakamolemole; kataki

plenty: lahi; hulu; mahu; leta; tu`una

plot: konga fonua; konga 'api

plug: `umosi

plumber: palama

plus: tanaki; fakalahi

pluto: hikule`o

pocket: kato

pod: nge`esi

poem: ta`anga: ipi; maau; lave

point: mata; mu`a

poison: kona

poke: hoka; hoka`i

police: polisi

policy: founga; lao; tu'utu'uni

polite: anga-`a`apa; anga-faka`apa`apa

politics: ngaahi me`a fakafalealea

pollen: efuefu fakafua

pollute: faka`uli`i; fakalielia`i

pond: ano si`i

ponder: fakalaulauloto; fifili

pool: ki`i ano; pelepela

poor: masiva; tu'utamaki

pop: pā

popular: manakoa

population: tokolahi 'o e kakai 'o e fonuá

porch: hū`anga; fale hū'anga

pork: kano`i puaka

port: taulanga

portal: matapā

portion: konga; `inasi; vāhenga; tufakanga;
ngafa

portray: fakamatala

portugal: potukali

position: tu`unga; tu`u`anga; tuku`anga

positive: pau; fakapapau; `io

possess: ma`u

possible: lava; malava; ala fai

post: pou

posture: anga tangutu; tu'u hangatonu

pot: kulo

potato: pateta

pouch: kato

pound: tuki; pāuni; sovaleni

pour: lilingi

power: ivi; mālohi; mafi; mafai

practice: angafai; anga maheni; toutou fai

praise: fakamālō; fakahīkihiki

prank: ki`i pau`u

pray: lotu hū; kole

precious: mahu`inga; ma`ongo`onga

precise: tonu; mo'oni;

predict: kikite'i

prefer: manako; sai`ia ange; fili

pregnant: feitama; fo'i kete

premier: palemia

prepare: teu; teuteu; teu`i

presence: `ao; ha`oha`onga: lotolotonga

present: me`a`ofa

presentation: me`a foaki

preserve: fakatolonga; tauhi; malu`i

press: tata`o; lomi'i

presume; mahalo; kohu

pretend: loi; fasī`a; fakangalingali

pretty: faka`ofo`ofa; matamatalelei

prevent: ta`ofi

previous: ki mu`a

price: mahu`inga; totongi

pride: loto-pōlepole; loto-hiikisia; angafiela-
hi

primary: `uluaki; u`aki; otu`a; tefito`i

print: paaki; pulusi

prison: `api pōpula; pilīsone

prize: pale

problem: me`a faingata`a; palōpalema

procedure: founga; angafai

process: founga; angafai; hokohoko

produce: fa`u; ngaohi; fakatupu

product: me`a kuo fa`u

professor: palōfesa

profit: tupu

profound: loloto;

progress: laka; fakalakalaka

prohibit: tapui; tapu'i

promise: tala`ofa; palōmesi

promote: hiki hake; tu`uaki

prompt: vave

prone: hehema

pronoun: fetonginauna

pronounce: pu`aki lea; hua`aki

proof: fakamo`oni

prop: teketeke; poupou

proper: totonu; taau

propose: lea mali; kole mali; fai tohi

prosper: tu`umālie; lakalakaimonū

protect: malu`i

protest: lea fakafepaki; liukava

proud: loto-pōlepole; loto hikisia

prove: fakamo`oni`i

provide: fakaai; tokonaki

pry: huhū noa; 'eke noa

psychology: saienisi `o e `atamai

public: kakai

publish: pulusi

puddle: luo pelepela; toka'anga vai

puff: puhi; tōngā

pull: fusi

pulse: ta 'oe mafu

pulverize: momosi `o efuefu

pump: pamu

punch: tuki'i; momoto

puncture: avangi; fakapaaki

punish: tautea

purchase: fakatau

pure: ma`a

purple: lanu-vaioleti; lanu-fisi`ifekika,

purpose: tauma`a; kaveinga; `uhinga

purse: ki`i kato pa`anga

pursue: tuli; tulimui; muia

push: teke

put: tuku; `ai

pyjamas: kofu mohe

pyramid: pilamita

NOTES

quadruple: lõfā

quake: ngalulu; mofuike

qualification: poto taau; ivi fe'unga mo e lakangá

qualify: fakaangaanga; ma'u 'a e poto taau moe lakanga

quality: anga tu'ukimu'a; 'ulungāanga fisifisimu'a

quantity: hono lahi

quarrel: kē;

quart: kuata; vahefa 'e taha

quarter: vahefā

quartet: kuateti; kau hiva e tokofa

queen: tu`i fefine

quest: kumi

question: fehu`i

quick: vave; fakavave

quiet: longo; fakalongolongo

quilt: `ufi`ufi mohenga: monomono

quit: tuku; li'aki

quiver: hōfangahau: tetetete;

quiz: pō fehu`i: sivi'i

quota: 'inasi;

quotation: hiki mei ha tohi;

quote: hiki

race: lova; taufetuli; matakali; fa'ahinga

racket: pate

radiate: mofi; mofia; huhulu

radical: loloto; tefito'i

radio: letiō

raft: vakavaka 'āmei

rag: motu`i konga tupenu

rage: lili; tālili; tōlili

rail: halanga lēlue

rain: 'uha

rainy: 'uho'uha

rainbow: `ūmata

raise: hiki hake; langa hake

rake: me`a-heu; lato

range: fe`alufano`aki; fokotu'utu'u; sitou lahi

rank: tu`unga;

rant: talalākulaku

rapid: vave; tavave; fakatanunu

rare: tātāitaha; hahamolofia

rash: petepete; veli; velia

rat: kumā

rate: hono vave

rating: tu`unga

ration: `inasi tufa faka`aho

rational: ma`u-`atamai

raw: mata; 'ota

ray: huelo

razor: tele; mata'i tele

reach: a`u; a`usi; a`usia

react: tali

read: laukonga

ready: mateu; māau

real: mo'oni; mo`onia

reality: me`a mo`oni; sino`i me`ano`i mo`oni

realize: ongo`i; fakatokanga'i

really: mo`oni

reason: `uhinga; tu`unga

rebel: angatu`u

recall: fekau ke foki mai

receipt: lisiti

receive: ma`u; tali

recent: toki fai; toki hoko; toki hili

recite: lau; laulauloto

reckless: ta`e tokanga; anga-`a`afu,

reclaim: toe ma`u mai; toe fakafoki mai

recline: fakaloloa; otkoto

recognize: `ilo; faka-tokanga'i

recommend: fakaongoongolelei

record: tohi; fokotu`u

recover: toe ma`u

rectangle: tapafā tuliki-totonu

red: kulokula

redeem: huhu`i

reduce: fakasi`isi`ihifo

reef: hakau

refer: lau; lave; taku; fakafeongoi

refill: toe fakafonu

refine: sivi ke ma'a

reflect: fakakaukau; fakalaulauloto

reform: liliu

refresh: fakafo`ou

refrigerator: puha `aisi

refuge: hūfanga`anga; unga`ange

refund: totongi fakafoki

regards: 'ofa atu; talamonū

region: potu fonua; feitu`u

register; lēsisita

regret: faka`ise`isa; loto mamahi

regulate: fakatonutonu; lao`i; pule`i

reject: fakatale`i; fakafisinga'i

rejoice: fiefia

relatives: kāinga

relax: fakamālōlō; fakavaivai

release: tuku ange: faka`atā

relief: tokoni; fiemalie; nonga

religion: lotu; kautaha lotu

reluctant: pipikoi; fakatu'atamaki

rely: falala; faaki

remain: nofo; nofo hifo

remark: lau: lea; pehē

remember: manatu; manatu`i

remind: fakamanatu

remorse: loto-lavae

remote: mama`o

remove: `ave; hiki; fetuku

renew: fakafo`ou; toe fakafo`ou

rent: nofo totongi

repair: toe huke; toe ngaohi fo'ou

repeal: tāmate`i; fakata'e'aonga'i

repeat: toe fai; toe `ai

repel: teke atu; teke`i; fakafepaki

repent: fakatomala

replace: fetongi

replenish: toe fakafonu

reply: tali

report: fakamatala; ongoongo; tala

represent: fakafofonga

reputation: ongoongo

request: kole

require: fekau; fiema'u

rescue: fakahaofi; haofaki`i

research: fakatotolo; fekumi

reserve: ta`ofi; talifaki

reside: nofo; nofo'anga

resign: fakafisi

resist: taliteke`i; fakafepaki; tu`uaki

resolve: fakapapau; fuakava

respect: faka`apa`apa; `apasia; toka`i

respond: tali

responsible: fatongia'aki

rest: mālōlō; fiemālie

restaurant: falekai

receive: ma`u; tali

recent: toki fai; toki hoko; toki hili

recite: lau; laulauloto

reckless: ta`e tokanga; anga-`a`afu,

reclaim: toe ma`u mai; toe fakafoki mai

recline: fakaloloa; otkoto

recognize: `ilo; faka-tokanga'i

recommend: fakaongoongolelei

record: tohi; fokotu`u

recover: toe ma`u

rectangle: tapafā tuliki-totonu

red: kulokula

redeem: huhu`i

reduce: fakasi`isi`ihifo

reef: hakau

refer: lau; lave; taku; fakafeongoi

refill: toe fakafonu

refine: sivi ke ma'a

reflect: fakakaukau; fakalaulauloto

reform: liliu

refresh: fakafo`ou

refrigerator: puha `aisi

refuge: hūfanga`anga; unga`ange

refund: totongi fakafoki

regards: 'ofa atu; talamonū

region: potu fonua; feitu`u

register; lēsisita

regret: faka`ise`isa; loto mamahi

regulate: fakatonutonu; lao`i; pule`i

reject: fakatale`i; fakafisinga'i

rejoice: fiefia

relatives: kāinga

relax: fakamālōlō; fakavaivai

release: tuku ange: faka`atā

relief: tokoni; fiemalie; nonga

religion: lotu; kautaha lotu

reluctant: pipikoi; fakatu'atamaki

rely: falala; faaki

remain: nofo; nofo hifo

remark: lau: lea; pehē

remember: manatu; manatu`i

remind: fakamanatu

remorse: loto-lavae

remote: mama`o

remove: `ave; hiki; fetuku

renew: fakafo`ou; toe fakafo`ou

rent: nofo totongi

repair: toe huke; toe ngaohi fo'ou

repeal: tāmate`i; fakata'e'aonga'i

repeat: toe fai; toe `ai

repel: teke atu; teke`i; fakafepaki

repent: fakatomala

replace: fetongi

replenish: toe fakafonu

reply: tali

report: fakamatala; ongoongo; tala

represent: fakafofonga

reputation: ongoongo

request: kole

require: fekau; fiema'u

rescue: fakahaofi; haofaki`i

research: fakatotolo; fekumi

reserve: ta`ofi; talifaki

reside: nofo; nofo'anga

resign: fakafisi

resist: taliteke`i; fakafepaki; tu`uaki

resolve: fakapapau; fuakava

respect: faka`apa`apa; `apasia; toka`i

respond: tali

responsible: fatongia`aki

rest: mālōlō; fiemālie

restaurant: falekai

restore: fakafoki; momoi; toe `omi

restrain: ta`ofi; tāngata; pukepuke

restrict: fakangatangata

result: fua; `alunga; ola

resume: toe kamata

retail: fakatau fakamovetevete

retire: holomui, mālolo

retrieve: toe ma`u mai

return: fakafoki

reunite: toe fakataha`i; toe fakahoko

reveal: fakaha

revenge: sauni

revenue: pa`anga hū mai

reverence: `apasia; loto`apasia

reverse: fakafoki; fakatafoki; fulihi; fokihi; holomui

review: toe fakakaukau`i: toe alea`i; toe fakamāu`i

revise: fakalelei'i

revive: toe aki mai; toe mo`ui mai; fakaake

revoke: fakafoki pe tāmate`i

revolve: takai: takatakai; takamilo

reward: fakapale`i

rib: hui-palalulu

ribbon: loufau; lipine

rice: laise

rich: koloa`ia; ma`u-koloa; tu'umālie

riddle: tala tupu`a

ride: heka

ridicule: manumanuki`i

rifle: me'afana: mausa

right: totonu, mo'oni; to`omata`u

rigid: kekeva

rim: tapa

ring: mama

rinse: vaima`a; lanu; fōfō

rip: hae'i fakamālohi; hahala; fahi

ripe: momoho

rise: hopo hake; tu`u hake; mahiki; malanga

risk: fakatu`utāmaki

river: vaitafe

road: hala

roam: heva holo; `eva`eva holo;

roar: `u`ulu; ngungulu

roast: tunu; ta`o

rob: kaiha`asia

robe: kofu tōlofa; pulupulu

rock: maka

rocket: `one `fetu`u; loketi

rod: va`akau; va'aukamea

roll: teka; teka'i; takainga

roof: `ato

room: loki

root: aka; tefito

rope: maea

rot: popo; pala

rotate: takai; takatakai

rotten: popo; pala

rough: petepete; tokakovi

round: fuopotopoto

route: fou`anga

row: `out; holongā

oryal: fakatu`i

royalty: ha`a tu`i; fale `alo

rub: olo; holo; mili

rubbish: veve

ruby: lupi (maka koloa)

rude: anga-lākulaku; anga-lela; ta`e faka`apa`apa

ruffle: veuki; fakamoveuveu; fakamanumi

rug: sipi kafu

rugby football: tau 'akapulu

ruin: faka`auha; maumau`i

rule: tu`utu`uni; founga; lao

ruler: hau; pule; tu`i; lula (making line)

rumble: `u`ulu; kokolo

rumour: ongo fakaevaha

run: lele

rupture: pā; fā

rural: kakai nofo`utá; feitu'u 'uta

rush: `oho; lolofi; āhua; fakatovave

russia: lūsia

rust: `ume`umea

NOTES

sabbath: 'aho sapate

sabotage: maumau-mīsini; kākaa`i

sack (bag): tangai

sacred: toputapu or tapu

sacrifice: feilaulau

sad: loto-mamahi

safety: malu

said: pehē; lau

sail: lā; folau vakalā

sailor: kauvaka; tama folau tahi

salad: salati

salary: vāhenga

sale: fakatau

salt: māsima

saltwater: vaimasima; tahi

salvage: fakahaofi

salvation: fakamo`ui

same: tatau; faitatau; tu`upau

samoa: ha`amoa

sample: me`a faka`ali`ali

sanctify: fakatapui; fakamā'oni'oni'i; faka-toputapu

sanction: fakangofua

sanctuary: fale pe feitu'u toputapu; hufanga'anga

sand: `one`one

sandwich: sanuisi

sane: `atamai lelei pē

sanitary: tauhi ke ma'a

sap: to`i: pulu;huhu`a

sarcasm: lea manuki; lea paetaku

satan: sētane

satchel: kato to`oto`o

satellite: satelaite

satisfy: fakafiemālie`i; fakatopono; faka-hohō`ia, fakatōli`a

saturday: tokonaki

saturn: palanite ko sātuna

sauce: lolo; kelevi; soosi

sausage: sõsisi

savage: fekai; fīta`a; kaivao

save: fakahaofi; haofaki`i; fakamou`i

saw: kili

say: pehē; lau

saying: lea; lau; lea tonga; kananga

scab: mongumangu

scale: me'a fua

scan: fakaasi

scar: patepate

scarce: si`i; tātelau; hāhāmolofia

scare: fakamanavahee`i; fakailifia`i

scarf: sikaafi

scatter: movetevete

scent: kaloni; nanamu

schedule: taimi tēpile

scheme: filio`i; fakaangaanga; founga fa'u

scholar: taha`oku ako-mataotao

school: ako

science: saienisi

scientist: fakasaienisi

scissors: hele kosi

scoff: manuki; luma,

scold: tafulu; valoki; ngahi'i

scorch: fakamāngia`i

score: kai (in games) tu'ungafasi (in music)

scotland: sikotilani

scout: tautua`ā; sikauti

scramble: feteketeke`i

scrap: momo`i me`a

scrape: vau

scratch: vaku; kohi; tāheu

scream: kekekekē; kaikaila

screech: kikī; kekekeke

screen: puipui; sikilini

screw: sikalu

scribble: kohi noa; makohikohi

script: tohinima

scripture: tohi tapu; ngaahi folofola 'a e
'otua

scroll: takainga tohi

scrub: fufulu; olo

sculpture: tā maka fakamanatu

scurry: kiu; kifu; takifu

sea: tahi

seaport: taulanga

search: kumi; fekumi

seashore: matāfanga; matātahi

season: fa'ahita'u

seat: heka`anga; sea; nofo`anga

secede: mavahe

secluded: pulipuli; maomaonganoa

second: ua; sekoni (in time)

secret: me`a fakafufū: me`a fakalilolilo

section: vahe; vāhenga; konga; kupu; lan-
ganga

secure: malu

security: malu

sediment: me`a toka; me`a totoka

see: `ilo; sio

seed: tenga; tenga'i akau

seek: kumi

see you later: ta toki sio

segment: kupu

seize: puke; fa`ao; hamuamu

seizure: puke; pupuke; hihiko

select: fili; fisifisimu`a

self: kita

selfish: siokita; anga-fakakaivale

selfless: ta`esiokita; mo`ui lī`oa

sell: fakatau

senate: sēnatu

send: fekau (a person) `ave; fakamoimoi (a
thing)

senior: motu`a ange; ta'u lahi ange

sense: `atamai; ongo'i

sensitive: ongongofua; mamahingofua

sentence: sētesi

separate: mavahe; makehe

september: sēpitima

sequel: hono fakalahi, hono hoko atu

sequence: hokohoko

serene: `āsinisini mo nonga `aupito

series: holongā; ngaahi me`a `oku hokohoko

serious: mamafa; fakamātomatao

servant: tamaio`eiki (male); kaunanga (female); sevāniti

serve: tauhi; tauhia; tokanga`i; fai fatongia; sevāniti

seven: fitu

seventeen: hongofulu mā fitu

seventy: fitungofulu; fitunoa

several: ni`ihi

sew: tuitui

shabby: kamata ke lusa; amata ke maumau

shack: fale fakahekeheke

shade: malu; malumalu

shadow: malumalua; `ata

shake: ngalulu;tete

shallow:`ikai loloto; mamaha

sham: loi; kākā

shame: mā; fakama

shape: fuo

share: `inasi; vāhenga

shark: `anga

sharp: māsila

shatter: have`i; laiki; fōfoa; fakamoefeefe`i

shave: telekava

shed: fale tuku`anga me`a

sheep: sipi

sheet: tupenu kafu

shelf: laupapa tuku`anga me`a; hili`anga

shell: nge`esi; nge`esi fingota; nga`asi

shelter: malu; unga`anga

shield: pā, pāletu`a, fakaū

shift: hiki; fetuku

shine: ulo; malama; ngingila

shiny: ngingila

ship: vaka

shirt: sote

shiver: nininini; hanini; tekelili; etetete

shock: faka`ohavale`i

shoe: fakasū; fakatopuva`e

shoot: fana; fana`i

shop: fale koloa

shore: matātahi

short: nounou

shot: fana; fana`i

shoulder: uma

shout: kaila

shove: teteke; mono'i

shovel: huo tata; tata

show: fakahā; fakahāhā; faka`ali`ali; fakahinohino

shower: saoa; 'uha mosimosi

shred: mahalu; hahalu

shrimp: fanga ki'i `uo iiki

shrink: mingi; fakamingi

shrug: fakamahiki

shuffle: veuki; veteki; heu; kati (card)

shut: tāpuni; tāpuni`i

shy: mā; papaka

sick: puke

side: tafa`aki

sigh: māpuhoi

sight: sio; mamata; vakai

sign: faka`ilonga

signal: kamo; kakamo; faka`ilonga

silence: longo; felongoi; fakalongolongo;

sīlongo; longomate; lōngonoa

silk: silika

silly: vale; esele; fakasesele

silver: siliva

similar: meimei tatau; anga-tatau; ngali

simple: faingofua

simplify: fakafaingofua`i; fakamahinongo-
fua`i

since: talu; talu mei; tālunga

sincere: loto-totonu: loto-mo`oni; faka-
mo'omo'oni

sing: hiva

single: taha; tokotaha

sink: me`a-fuluipu`anga; pesoni fufuluipu

sip: ma`anga

sir: tangata`eiki

sister: tokoua fefine; tuofefine

sit: nofo

sit down: nofo ki lalo

site: tu`u`anga

six: ono

sixteen: hongofulu mā ono; taha ono

sixty: onongofulu; ononoa

size: lahi; fua; fiha

skate: fakaheheke; sikeiti

sketch: tā fakatātā `aki e peni

skid: sifā; heke; heheke

skill: poto

skin: kili

skinny: tutue; pakau

skip: tāfue; hopo

skirt: piva

skull: 'ulupoko; nge`esi-`uli

sky: langi

slam: ha`aki

slang: lea fākatu`a; kananga

slant: hei; fakaheihei; hipa; hihipa; hehei

slash: hihifi; fehele

slay: tāmate`i

sleep: mohe

sleeve: nima

slice: hifi; tofi fakamanifi

slide: heke; hekea; hoholo

sling: makatā; sengai

slip: hekea; homo

slobber: hafu; pipī

slogan: moto

slope: hifonga; hifo`anga

slot: ki`i ava fāsi`i

slow: māmālie; alonga; tō'ohi; tuai

small: si`i; si'isi'i; leka; lekeleka

smart: atamai vave; atamai poto; atamai
masila

smear: feau; palahi;palai

smell: fakananamu; nanamu

smile: katakata; malimali

smoke: `ahu; kohu; ifi (tobacco)

smooth: molemole; hamolemole; tokalelei

smudge: palahi; palai

snack: kaituna; kai fakavaha`atina

snap: motu; mafesi; fisipā (snap the finger)

snatch: hamu; hamusi

sneak: fakaoloolo; totolo fakafufū

sneeze: mafatua

sniff: mihi

snip: kosi`i

snooze: ki`i mohe

snore: tāngulu

snow: sinou

snuggle: lafi; vāofi

so: pehē;pehē fau

soak: fakavai

S

soap: koa; fo'i koa

soar: puna mā`olunga

sob: halotu; tangi halotulotu

social: sosiale; fakasosiale

society: kautaha; sosaiete

sock: sitōkeni

soda: sota

soft: molū

soil: kelekele

solar: kau ki he la`aá

sold: 'osi fakatau

soldier: tangata tau; sōtia

solemn: molumalu; fofonga-mamahi

solid: ma`opo`opo; fefekatoa

solve: mate`i; matea; fakamatala`i; faka`uhinga`i

son: foha; tama

song: hiva

soothe: fakafiemālie`i; fakanonga

sore: mamahi; langa

sorrow: loto-mamahi

sorry: fakamolemole

sort: fakafa`ahinga; fa'ahinga

soul: laumālie

sound: ongo; vākē

soup: supo

sour: mahi

source: tupu`anga; tupunga; matavai

south: tonga; saute

south pole: pole sauete

souvenir: suvenia

space: `atā; vaha; vavā; `ataloa; vahanoa

spade: huo sipeiti

spain: sepeni

span: vaha`a; tonuhanga

spank: sipi; tāa'i

spare: konga talifaki; toenga me'a

spark: kalofiama

sparkle: fetapatapaki; ngingila

spawn: fua`i ika

speak: lea

special: makehe

specify: tala; fakahā

speck: ki`i `ila

spectacle: me`a faikehe

spectacular: fakaholomamata

spectators; kau taka; kau mamata

speculate: fifili; mahamahalo; hu'uhu'u

speech: lea; malanga; tālanga

speed: vave; oma

spell: sipela

spend: ngāue`aki

spent: `osi; mole

sphere: kolope; me`a fuopotopoto

spice: sipaisi

spider: hina

spike: tala: talatu`a

spiky: talatala; talatala`ia

spill: hua`i; mahua

spin: vilo; vilo takai; tavilo

spine: hui-tu`a; hui motu'a

spirit: laumālie

spit: 'a`anu; 'anuhia; kisu;

splash: pihi; fakapihi; pī; atupī; lutu

splendid: lelei `aupito, mālie 'aupito; fisifisi-mu'a; tu'utai

split: fahi: mafahi

spoil: maumau`i; fakatamaki; fakamele`i; fakakovi`i

sponge: tafitafi; tatafi

sponsor: tangata malu'i

spontaneous: tupukoso

spook: fa`ahikehe; tēvolo

spoon: sēpuni

sport: va`inga; fakavā; sipoti

spouse: mali; hoa

sprain: tapeva

sprawl: hekiheki; mofele; mafola

spray: afu; afuhi

spread: mafola; holofa

spring: fa`ahita`u matala

sprinkle: afu; mosimosi

sprint: lele vave

sprout: muka; huli

spy: asiasi; mataki; sipai

squad: ki`i kau tau

square: tapafā

squat: tu'usike

squeak: kikī; ngai`i

squeal: kikī; kokō

squeeze: tatau; sisina; fakatetenga; fota; efihi

squirm: mākau; mākauua

squirt: pihi; mapuhi; mapuna

stab: hoka; hoka'i; tui`i

stable: ma`u; tu`uma`u; ta`e liliu; faka-
makatu`u

stack: tu`unga; fokotu`unga

stadium: fai`anga sipoti

staff: kau pule; kau taki; kau faiako

stage: siteisi; faiva`anga

stain: me`a-fakalanu

stairs: hala sitepu

stale: mafu

stalk: kau; manga

stamp: sitapa

stand: tu`u

standard: sīpinga; tu`unga

staple: fa`o uaea

star: fetu'u

starch: sitaasi

stare: sio fakamama`u

start: kamata

starve: mate`i he fiekaiá

statement: lea; fakamatala

static: tu`u ma`u,

station: tu`unga

statue: maka fakamanatu; iimisi; fakatātā

status: tu`unga

stay: nofo

steady: tu`u ma`u; ta`e ngaue

steal: kaiha`a: kaiha`asi

steam: mao

steer: faka`uli

step: sitepu

stern: taumuli

stew: supo

stick: va`akau

sticky: pikipiki; pupulu

stiff: kekeva; fefeka

stigma: fakamā`anga

sting: kalakala

stink: namukū; 'elo; `eho

stir: heu; hakalo; eke`i; ngatūū

stitch: tuitui; mata-tuitui

stock: koloa; nāunau ke fakatau atu

stomach: kete

stone: maka

stool: situlu; ki'i sea ma'olunga

stop being lazy: tuku e fakapikopiko

stop: tu`u: tuku; ta'ofi; tāngata

store: fa`olaki; tokonaki; fale koloa; sitoa

storm: taufa: afā

story: talanoa; fananga

stove: sitou

straight: totonu; hangatonu

strand: tu`oni; tu`o

strange: matamatakehe; fo`ou; fo`ofo`ou

stranger: sola; vūlangi; muli; 'aunofo

strap: leta; kavei

straw: kau`i uite

streak: fakamahele; fakamatohi

stream: vaitafe

street: hala pule'anga

strength: malohi

stress: fakamamafa;

stretch: fano; kakapa

strict: anga-fefeka

string: tuaine; afo

strip: konga lausi`i mo lōloa

stripe: tuhi; tuhituhi; matohi; mahele; 'alava

strong: mālohi

strong body: sino mâlohi

struggle: fetakai; faifeinga

stub: potu`i

stubborn: anga-maka; anga fefeka; ongon-gata'a

stuck: pikisia: pipiki; 'efihia; tauma`u

student: ta'ahine/tamasi'i ako

study: ako

stuff: me`a; 'ume`a; nga'oto'ota

stumble: tūkia; tautungaki; humu;

stump: tunga`i; tuke;

stupid: vale-hioa; `atamai-vale; lotohē

sturdy: kaufeka; iviivi

stutter: `elelo-u`u; nenu; heku

style: anga; founga; ākenga

subject: tu`unga-lea; tu`unga-lesoni

submerge: ngalo; uku

submit: `oatu

substantial: mo`oni

substitute: fetongi

subtle: olopoto; vaivai

success: lavame`a

such: pehē

suck: huhu

suction: mimisi

sue: faka`ilo

suffer: kātaki

suffocate: fulutāmakia

sugar: suka

suggest: fokotu`u atu

suit: suti; kote moe talausese;

suitcase: kato leta

sulphur: sulifa

sum: fika; hono kotoa (total)

summary: fakanounou

summer: fa`ahita`u mafana

summon: fekau ke ha`u

sun: la'ā

sunday: 'aho sâpate

superb: faka`ofo`ofa `aupito; fungani; lelei
taupoto; hiliō hono lelei

supper: `ohomohe, sapa

support: poupou; pouaki; lango

suppose: mahalo; lau

sure: pau; `ilo pau,

surf: ngalu; fanifo

surface: fukahi; funga

surgery: tafa

surpass: lakasi; laka`i

surplus: hulu; ope; toe

surprise: ofo; 'ohovale

surrender: tukulolo

surround: kāpui

survey: fua; savea

survive: kei mo`ui; kei `i ai

suspect: mahalo; mahalo`i; kīte`i

suspend: tautau (hang) tautea (punishment)

suspicious: mahamahalo; hu`uhu`u

sustain: poupou, tokoni`i; fakatolonga

swallow: folo

swamp: ano; tōkanga vai

swarm: pupunga; taunga

sway: ngāluelue; femalele`aki

sweden: suēteni

sweep: tafi

sweet: melie; hu`amelie

swell: pupula

swerve: sifa; sifā

swift: vave `aupito; oma; makimo

swim: kakau

swing; heke

swipe: fue; hahau; fakanāfala; haunamu

switch: me`a-kamosi

switzerland: suisalani

swollen: tangapula; ngaluholoholo

symbol: fka`ilonga; fakatātā

synonymous: 'uhinga tatau

NOTES

table: tēpile

tack: fo`i tākisi

tackle: puke fakamālohi; tekolo'i

tag: tikite faka`ilonga

tahiti: tahisi

tail: iku

take: to`o; `ave

tale: talanoa; fananga

talent: taleniti; tufakanga

talk: talanoa; lea; lau

tall: loloa; sino-mā`olunga; haumatutu

tame: lalata

tan: lanu-melomelo

tangle: fgkafihi

tank: tangikē; sima vai

tantrum: tōlili

tap: tuki; tāta'i; patō; paipa vai

tape: tepi

tar: valitā

tardy: tuai; fakatuotuai; tomui

target: polo; tāketi

task: ngāue; fatongia; ngafa; lakanga

taste: ifo; 'ahi'ahi

tattoo: tā-tatau

taunt: luma; luma`i

tax: tukuhau

teach: ako`i

teacher: faiako

team: fa`ahi; timi

tear: hae; mahaehae

tease: fakamatalili

tedious: fakafiu: fakafiufiu

teeth: nifo

telephone: telefoni

telescope: me`a-faka`ata-fetu`u

television: televīsone

tell: tala: fakahā

temper: anga `o e lotó; loto lili; loto'ita

temperature: fua mafana; fua mofi

temple: temipale

temporary: fakataimi; fakapinepine

tempt: `ahi`ahi; fakatauvele`i

ten: hongofulu

tend: tauhi; tokanga`i

tender: molū; kano-molū; toutou

tent: tēniti

term: taimi

terminate: ngata; iku; fakaiku; fakangata

terrible: fakamanava

test: sivi; `ahi`ahi`i; tesi

testify: fakamo`oni

thank you: mālō

thank you very much: malo 'aupito

thaw: fakavaia

theatre: fale faiva

theft: kaiha`a; kaiha`asi

theme: tu`unga-lea; moto

theory: fakakaukau; aholo; lau fakafuofua

thick: matolu

thief: kaiha`a

thigh: tenga

thin: manifi

thing: me`a

think: fakakaukau

third: hono tolu

thirsty: fieinua

thirteen: hongofulu mā tolu; taha-tolu

thirty: tolungofulu

thorn: tala; talatala

thorough: haohaoa; faka`āuililiki;
fakamākukanga

though: neongo

thought: fakakaukau

thousand: afe

thrash: haha; hau; uipi`i; tapale`i

thread: filo

temporary: fakataimi; fakapinepine

tempt: `ahi`ahi; fakatauvele`i

ten: hongofulu

tend: tauhi; tokanga`i

tender: molū; kano-molū; toutou

tent: tēniti

term: taimi

terminate: ngata; iku; fakaiku; fakangata

terrible: fakamanava

test: sivi; `ahi`ahi`i; tesi

testify: fakamo`oni

thank you: mālō

thank you very much: malo 'aupito

thaw: fakavaia

theatre: fale faiva

theft: kaiha`a; kaiha`asi

theme: tu`unga-lea; moto

theory: fakakaukau; aholo; lau fakafuofua

thick: matolu

thief: kaiha`a

thigh: tenga

thin: manifi

thing: me`a

think: fakakaukau

third: hono tolu

thirsty: fieinua

thirteen: hongofulu mā tolu; taha-tolu

thirty: tolungofulu

thorn: tala; talatala

thorough: haohaoa; faka`āuililiki; fakamāku-
kanga

though: neongo

thought: fakakaukau

thousand: afe

thrash: haha; hau; uipi`i; tapale`i

thread: filo

table: tēpile

tack: fo`i tākisi

tackle: puke fakamālohi; tekolo'i

tag: tikite faka`ilonga

tahiti: tahisi

tail: iku

take: to`o; `ave

tale: talanoa; fananga

talent: taleniti; tufakanga

talk: talanoa; lea; lau

tall: loloa; sino-mā`olunga; haumatutu

tame: lalata

tan: lanu-melomelo

tangle: fgkafihi

tank: tangikē; sima vai

tantrum: tōlili

tap: tuki; tāta'i; patō; paipa vai

tape: tepi

tar: valitā

tardy: tuai; fakatuotuai; tomui

target: polo; tāketi

task: ngāue; fatongia; ngafa; lakanga

taste: ifo; 'ahi'ahi

tattoo: tā-tatau

taunt: luma; luma`i

tax: tukuhau

teach: ako`i

teacher: faiako

team: fa`ahi; timi

tear: hae; mahaehae

tease: fakamatalili

tedious: fakafiu: fakafiufiu

teeth: nifo

telephone: telefoni

telescope: me`a-faka`ata-fetu`u

television: televīsone

tell: tala: fakahā

temper: anga `o e lotó; loto lili; loto'ita

temperature: fua mafana; fua mofi

temple: temipale

temporary: fakataimi; fakapinepine

tempt: `ahi`ahi; fakatauvele`i

ten: hongofulu

tend: tauhi; tokanga`i

tender: molū; kano-molū; toutou

tent: tēniti

term: taimi

terminate: ngata; iku; fakaiku; fakangata

terrible: fakamanava

test: sivi; `ahi`ahi`i; tesi

testify: fakamo`oni

thank you: mālō

thank you very much: malo 'aupito

thaw: fakavaia

theatre: fale faiva

theft: kaiha`a; kaiha`asi

theme: tu`unga-lea; moto

theory: fakakaukau; aholo; lau fakafuofua

thick: matolu

thief: kaiha`a

thigh: tenga

thin: manifi

thing: me`a

think: fakakaukau

third: hono tolu

thirsty: fieinua

thirteen: hongofulu mā tolu; taha-tolu

thirty: tolungofulu

thorn: tala; talatala

thorough: haohaoa; faka`āuililiki; fakamāku-
kanga

though: neongo

thought: fakakaukau

thousand: afe

thrash: haha; hau; uipi`i; tapale`i

thread: filo

threat: fakamanamana'i; fakamana;

three: tolu

throne: taloni

throw: lī; laku; tolo; tolo`aki

thrust: velo

thumb: motu`a-nima; motu`a-tuhu

thump: tuki; pahu; pohu

thunder: mana

thursday: tu'apulelulu

ticket: tikite

tickle: `ene

tidy: maau

tie: nono`o; fakapona

tier: fungavaka

tight: ma`u; mafao; fefeka; maha`i; mano`o

tile: taila

tilt: fakatafatafa`i; ki`i fakatafa`i

timber: `akau; papa; laupapa

time: taimi

timid: loto-manavahē; loto-fo`i; lotosi`i

tin: tini; nge'esikapa; kapa

tingle: makini; tu`utu`ukina

tiny: si`i `aupito; lekeleka;

tip: mata; mui; hikuhiku

tired: hela; hela'ia

title: hingoa; hingoa fakanofo

toast: mā tunu; tousi

today: he`ahó ni

toe: louhi`i va`e

together: fakataha; faka'angataha

tomb: fonualoto; fa`itoka

tomorrow: 'apongipongi

ton: toni

tongue: `elelo

tonight: he poó ni; `apō

tool: me`angāue

tooth: fo`i nifo

top: funga; 'olunga

topic: tu`unga-lea

torch: tūhulu

torment: fakamamahi`i

tornado: afā `ahiohio lahi

torture: fakamamahi`i

toss: liaki

total: kātoa; faka katoa

touch: ala; alasi; pā; paki; lave`i

tough: kano-fafau; pepenu; nga`itu

tour: fononga; taki mamata

tournament: fe`auhi va`inga

tow: taulani

towards: ki

towel: taueli

tower: taua

town; kolo

toy: me`a-va`inga

trace: fakatotolo

track: hala; halanga

trade: fai fakatau; fefakatau`aki

tradition: tukutala; tala-tukufakaholo; 'ulun-gaanga fakafonua

tragic: fakamamahi: pango `aupito; fakatu-pu-mamahi

trail: halanga

train: ako

traitor: lavaki

transfer: hiki; fetuku;

translate: hiki liliu

transport: fetuku; uta

trap: finaki; tauhele

travel: fononga; folau

tray: laulau

tread: mala

treasure: koloa; koloa kānokato; makakoloa

tree: fu'u 'akau

tremble: tetetete; ngatetetete; tekelili

tremendous: faka`ulia

trial: `ahi`ahi

triangle: tapatolu

tribe: fa`ahinga; matakali; ha`a

tribute: fakamālō; lea faka`apa`apa

trick: faiva kākā

trigger: me`a-kamosi

trillion: tiliona

trim: tu`utai

trio: tiliō

trip: tūkia

triple: lōtolu

triump: ikuna; ma`alali

troll: fakatele

troop: kau tau; falukunga kakai

trophy: pale; ipu

tropical: talopiki

trouble: faingata`a; faingata`a`ia; ha`aha`a;
hoha`a; fakahoha`a

truck: motololi

true: mo`oni; mo`onia

trust: falala; falala'anga

truth: mo`oni

try: `ahi`ahi

tub: topu

tube: paipa; tiupi

tuck: numi

tuesday: tûsite

tug: fusi; fefusiaki

tumble: tō; humu

tune: fasi

tunnel: tafu; 'ana

turn: tafoki; hanga; takai; liliu

turtle: fonu

tusk: nifo

tutor: tiuta; faiako

tutorial: fakafaiako; fakaefaiako

tweak: voke

twelve: hongofulu mā ua; taha ua

twenty: uofulu

twice: tu`o ua; liunga ua

twig: huli; ki`i va`akau

twin: māhanga

twinkle: takemokemo

twirl: takai`i; vilo`i

twist: mio`i; mimio; fulihi

twitch: hamu; kenu

two: ua

type: taipe

tyrant: pule kakaha

ugly: mata-kovi; palaku

ukulele: `ukulele

ulcer: pala; pala ngakau

ultimate: faka`osi; fakamulituku

umbrella: fakamalu

uncle: tu`asina; fa`ētangata

under:`i lalo `i

underground: lalofonua

underneath: 'i lalo

underpants: talausese loto

understand: `ilo; mahino

undo: vete; fakatalatala

uniform: kofu; teunga

unify: fakafāitaha`i; fakatahataha'i

union: kautaha fekautaha`aki

unique: taha `ana; taha kehe; ta`e hano tatau

until: kae `oua ke

up: hake; ki`olunga

upon: `ihe funga

upper: `i `olunga; toka`olunga

upset: tulaki; lotomamahi;

urge: faka`ai`ai; na`ina`i; ekinaki; tapou

urgent: fakavavevave

us: kitaua; kitautolu

use: `aonga; ngāue`aki

usher: fakanofonofo

utter: lea`aki; pu`aki

vacant: ava

vacation: taimi mālōlō

vaccine: faito`o huhu

vacuum cleaner: misini tafifale.

vague: ta`e mahino; aleitu`u; veiveiua

vain: `ehi; loto-mahikihiki; fieme'a

valiant: loto-to'a

valley: tele`a

valuable (value): mahu`inga; `aonga

van: veeni

vane: me`a-faka`ilonga-matangi

vanish: puli

variety: fa`ahinga

various: kehekehe

vase: vaasi; tu`unga matala`i `akau

vast: hulu; kāfakafa

veil: veili, pūlou; pulonga

verify: fakamo`oni`i

verse: veesi

vertical: tu`u tonu

vertigo: ninimo

very (adv): `aupito; lahi `auoito

vest: uasikote

vibrate: tetetete

vicarious: ko e fetongi`o;

vicinity: ofi ki ai

vicious: anga-kovi `aupito

victorious: ikuna

victory: ko e ikuna; ma`alali

view (scene): mātanga

village: kolo

villain: tangata kovi `aupito

vindicate: anga-sauni; fakatonuhia

vine: akau totolo; vaine

violate: maumau`i

violent: mālohi; fakamalohi

virgin: ta`ahine; tāupo`ou

virus: siemu si`i tahá; vailasi

visible: hā; hā mai

vision: sio; vakai; visione

visit: `a`ahi

visualize: sio loto ki

vitamin: vitamini

vivid: `aho`aho

vocabulary: tohi faka`uhinga-lea

vocal: kau ki he le`ó

voice: le`o

volcano: mo`unga-afi

volume (size): hono lahi

volunteer (ver): pole

vomit: lua

vote: pāloti; hikinima'i; fili

vouch: fakamo`oni

vow: fuakava

voyage: folau

vulgar: fākatu`a; pango; anga-pango

NOTES

waddle: nga`i,

wade: a`a

wag: tāvilivili

wagon: sāliote ngāue

wail: tāngiloa

waist: kongaloto; no`otanga-vala

wait: tali; tatali; talitali

waiter: tangata tali-tēpile

wake: ‘ā

wake up: ‘a hake

walk: `alu: luelue

wall: holisi

wallet: kato `ai`ange pa`ange

wand: va`akau tā-taimi; fai-mēsiki

wander: hē; hēhē

want: fie ma`u

war: tau

warm: māfana; mafana

warning: lea fakatokanga

warrior: tangata tau

wart: lefetona

wash: fufulu

wasp: pī; pī kula

waste: maumau noa, fakamole noa, li`aki noa,

watch: le`o, le`ohi

water: vai

watermelon: meleni

wave: peau

wax: te`elango

way: hala; founga

we: kitaua; tau; kitautolo

weak: vaivai

wealth: koloa

weapon: mahafu; me’a tau

wear: `ai; tui

weather: ‘alo malie; alo tāmaki; anga `o e matangi

weave: lalanga; sia

web: matamatakupenga

wedding: mali

wednesday: pulelulu

weed: `akau ta’e’aonga; vao

week: uike

weep: tangi

weigh: fua

weight: mamafa; mafamafa; fakamamafa

welcome: talitali fiefia

well: vaikeli; vaitupu; lelei; fakalelei;

went: na'e 'alu

west: hihifo

wet: viku; viviku

whale: tofua'a

wharf: uafu

what: hā

what: ko e ha?

what's your name ?: ko hai ho hingoa?

wheat: uite

wheel: va'e; ve'e; ve'eteka

when: 'anefē; 'afē; fakakū

where: 'i fē

where are you from ?: ko ho'o ha'u mei fe?

where are you going ?: alu ki fe?

which: fē

while: lolotonga

whip: uipi

whirl: takai; takamilo

whisk: fue

whiskers: kava; halakava

whisper: fafana; fanafana

whistle: mapu; ifi

white: hinehina

whittle: teletele

who: hai

whole: kotoa; kātoa; kakato

whose: 'a hai; 'o hai

why: hā

wicked: anga-fulikivanu; anga-fakalielia;
kovi faka'aufuli

wide: laulahi; fālahi

wife: mali

wild: vao; tupuvao; kaivao; hehengi

will: loto; te; tohi tuku

win: mālohi: lava'i: ikuna

wind: havili: matangi

window: matapā sio'ata

wine: uaine

wing: kapakau

wink: kemo; fakakuitaha

winter: fa'ahita'u momoko

wipe: holo; tapi

wire: uaea'i; uaea

wise: poto; fakapotopoto

wish: holi; faka'amu: faka'anaua

wit: loto-poto; 'atamai-hua

witch: fefine taula-fa'ahikehe

with: mo

without: ta'e; ta'e 'i ai

witness: fakamo'oni

wizard: tangata taula-fa'ahikehe

woman: fefine

wonder: fifili

wonderful: fakaofo

won't: 'e 'ikai

wood: 'akau

wool: fulufulu'i sipi

word: fo'i lea, lea; lau

work: ngāue

world: maama; māmani

worldly: fakaemâmani

worm: kelemutu

worn: maiki; makaikai; 'osi'osi: popo

worn out: ongoongosia; feifeitamaki

worry: hoha'a; loto-mo'ua

worse: kovi ange

worship: lotu; hū

worst: kovi taha; fungani kovi

worthy: taau; lelei; ‘ulungāanga-lelei

would: te; ‘e

wound: lavea

wrangle: uatau: feke`ike`i

wrap: pulupulu; kofukofu;

wreath: pale

wreck: vaka tukia; vaka toka; maumau`i

wrench: sipana

wrestle: fangatua

wrist: fasi`a-nima

write: tohi

writer: taha fa`u tohi

wrong: hala; ta’etotonu

NOTES

x-ray: huelo faka`ēkesi; faka`ata

xylophone: sailofoni

yacht: `iote

yachting: fakatētē

yam: `ufi

yard: iate

yarn: filo vavae

yawn: mamao

year: ta`u

yearly: fakata`u

yearn: lolotu; faka`amu; faka'ānaua

yeast: lēvani; 'isite

yell: kongā; kaila

yellow: engeenga

yes: `io

yesterday: 'aneafi

yet: kei

yield: fakatupu; fua;

yueld (give way):`unua: ūmia

yoke: 'ioke; ha'amo; ha'amonga

zeal: tõtõivi: faivelenga

zephyr: havilivili; angiangi-iiki

zero: noa

zest: loto-fiefai

zigzag: fakaafetui; fepiupiuaki; fe'ūlingaki

zinc: singiki (fa'ahinga metale)

zion: saione

zone: feitu`u; soneā

zoo: sū; 'ā-manu faka'ali'ali

zoology: saienisi 'oe fana manu mo e iká

NOTES

NOTES

NOTES

NOTES

NOTES